단군신화의 암호

무엽산의 연꽃과 세 발 가진 두꺼비

김호림(金虎林, 위챗 계정: jinhulin-beijing)

김수로의 후손으로 한의사 가문에서 태어났다. 중국 연변에서 대학을 나온 후 북경의 중앙언론사에서 근무하고 있다. 대륙과 반도의 방방곡곡을 탐방하면서 역사와 무속 연구에 전념하고 있다.

그동안의 답사 기록을 정리하여 『반도의 마지막 궁정 점성가』(2020), 『여섯 형제가 살던 땅 그리고 고려영』(2018), 『『삼국유사』, 승려를 따라 찾은 이야기』(2017), 『조선족, 중국을 뒤흔든 사람들』(2016), 『대륙에서 해를 쫓은 박달족의 이야기』(2015), 『연변 100년 역사의 비밀이 풀린다』(세종도서 교양부문 선정 도서, 2013), 『고구려가 왜 북경에 있을까』(2012), 『간도의 용두레 우물에 묻힌 고구려 성곽』(2011) 등을 책으로 묶어냈다.

단군신화의 암호
무엽산의 연꽃과 세 발 가진 두꺼비

초판 1쇄 인쇄   2023년 7월 17일
초판 1쇄 발행   2023년 7월 27일

지은이   김호림
펴낸이   최종숙
펴낸곳   글누림출판사
편집   이태곤 권분옥 임애정 강윤경
디자인   안혜진 최선주 이경진
마케팅   박태훈

주소   서울시 서초구 동광로46길 6-6(반포4동 577-25) 문창빌딩 2층(우06589)
전화   02-3409-2055(대표), 2058(영업), 2060(편집)
팩스   02-3409-2059
전자메일   nurim3888@hanmail.net
홈페이지   www.geulnurim.co.kr
블로그   http://blog.naver.com/geulnurim
북트레블러   http://post.naver.com/geulnurim
등록번호   제303-2005-000038호(2005.10.5)

ISBN   978-89-6327-714-1   03910

단 군
신화의
암   호

무엽산의 연꽃과 세 발 가진 두꺼비

김호림

글누림

1萬年을 傳乘한 家族의 箴言

"未來의 種子를 過去에 깊이 파묻었으니
過去의 種子는 現在에 또 한 번 꽃송이를 활짝 피웠니라."

천부인이 기록한 천문 저쪽의 세계

천부인(天符印)은 단군(檀君) 신화에서 말하는 3가지 인수(印綬)를 말한다. 고려 후기의 역사서『삼국유사(三國遺事)』에 처음 기록이 보인다. 이에 따르면 단군의 아버지 환웅(桓雄)이 천제(天帝) 환인(桓因)으로부터 받아 가지고 내려왔다는 것.

천부(天符)의 이 삼인(三印)은 기록이 나타나 있긴 하지만 그 형태가 확실하게 언급된 곳은 없다. '신'의 '영물(靈物)은 기록으로도 노출이 되지 않도록 일종의 묵계(黙契)가 되어 있었을까? 아무튼 역사를 참작하여 볼 때 환웅이 강림하여 단군을 낳은 것은 천부의 삼인과 필연적인 인과관계가 있다는 점은 분명하다.

현재 반도의 사학계는 천부의 삼인을 천(天)·지(地)·인(人) 삼재(三才)와 원(○)·방(□)·각(△) 삼묘(三妙), 성(性)·명(命)·정(精) 삼진(三眞), 인(仁)·지(智)·용(勇) 삼달(三達)의 표상(表象)으로 추정, 주장하고 있다. 또 청동검·청동거울·청동방울의 세 가지로 추측하기도 한다.

실은 귀문(鬼文), 신음자(神音字), 연음부문(蓮音符文, 연음자) 등 세 개 계통의 부호문자로 지금은 대륙과 반도, 열도에 다다소소 널려있다. 이 가운데서 귀문은 여러 시대 여러 부족이 사용했던 44국(局) 즉 44종(種)의 부호문자를 통틀어 이르는 말이며 신음자는 위치와 방향, 시간을 밝히는 부호문자이고 연음부문은 기의

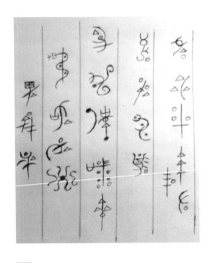

신음자는 도합 25자로 새로운 조합과 변화를 통해 최종 1천여 자의 부호문자가 생성된다

연음부문의 원시음 일부, 연음부문은 원시음 25자와 초충음 30자 도합 55자로 구성되며 조합하면 약 1,200자를 생성한다.

힘을 담은 부(符)의 문자 기호(記號)이다.

천부의 삼인은 도합 3650자이다. 우리가 선사시대(先史時代)라고 일컫는 그 시대에 이미 사용된 부호문자이다. 선사시대라고 하면 아직 글자가 만들어지지 않았고 기록으로 남아있지 않은 역사를 일컫는다. 그렇다면 선사시대에서 역사시대로 넘어오는 초기의 문명시대 단군시대의 지극히 발달한 다종의 부호문자 천부인은 기존의 인식을 송두리째 뒤엎는 '신물(神物)'이 아닐 수 없다.

진짜 신화 같은 천문 저쪽 다른 세계의 이야기이던가. 천부인은 우리가 쓰고 있는 현대 문자보다 훨씬 발달한 문자이다. 와중에 적지 않은 부호문자는 아직 세상에 출현하지 않았다. 일부는 땅 밑의 어디인가 매몰되어 있으며 또 일부는 어느 산과 바위에 어떠한 부호로 새겨져 언제인가 인간에게 발견, 발굴이 되길 기다리고 있다.

천부인은 세상 고대 부족의 산생과 발전, 변화, 소멸의 과정을 기록하고 있다. 그리고 옛날의 천문, 지리, 복서(卜筮), 의학, 농업, 음악, 공예 등을 두루 기록하는 등 역사의 역사이고 『백과전서』로 되고 있다.

그때 그 시절의 세상은 정녕 하나의 세계가 아니었다. 세상에 선후로 존속했던 그 문명은 다 동일한 시대인 것은 아니었다.

천부삼인을 세상에 선물한 것은 환웅(桓雄)이라고 『단군신화』가 전한다. 김씨 가족은 이 환웅이 정말로 하늘의 '신'이라고 전하고 있다. 별 귀청두(鬼靑斗)에서 내려온 명실상부한 천계의 신이라는 것. 환웅의 진실한 이름은 숙축조(孰燭儵)이다. 환웅과 혼인한 곰부족의 공주 웅녀(熊女)가 이 이름을 처음 부호문자 귀문으로 적었다.

김씨 가족의 현존한 전승인은 제184대로 된다. 단군시대 큰무당의 후손으로 천부인을 전승하고 있다. 경주 김씨라고 본관을 전하지만 파는 어느 족보에도 기록되지 않은 한월(寒月)이다. 와중에 가족의 증표인 항렬 돌림자는 특이하게 별자리 28수(二十八宿)의 이름자를 따라 짓고 있다. 물론 이 28수의 명칭도 우리가 현재 알고 있는 재래의 이름자와는 전혀 다르다.

천부삼인은 반만 년을 이은 전승물(傳承物)로 김씨 가족의 최고의 비밀이었다. 가족에서도 전승인을 제외하고 다른 성원은 거의 알지도 듣지도 못하는 유물이었다.

한때 김씨 가족은 전승의 이 비밀을 고수하기 위해 멀리 이주를 단행했다. 외족이 반도에 침입하던 한일합방 때는 두만강을 건너 백두산 기슭의 심산벽지에 은둔했다.

진실한 사연을 모르면 일체가 신비하고 황당무계한 이야기로 들린다.

갑골문(甲骨文)은 최초로 은허(殷墟)에서 발견, 상나라 후기의 복사(卜辭)를 구갑(龜甲)이나 짐승 뼈에 새겨 기록한 문자라는 게 학계의 정설이다. 이에 따르면 갑골문은 서기전 1600년경부터 약 서기전 1046년까지 상나라에서 사용된 (殷

商, 은상)문자라는 것이다. 그리고 갑골문은 대륙의 제일 오래된 '체계적인 문자'이자 한자(漢字)의 원형이라고 말한다.

오늘날 우리가 갑골문이라고 이르는 옛 부호문자는 기실 3천년이 아닌 8천년 심지어 수만 년 전부터 이미 존속했다. 그리고 갑골문에 출현하고 있는 부호문자는 하나가 아닌 여러 종(種)이다. 여러 시대, 여러 종의 부호문자를 한데 뭉그러뜨리고 다 상형(象形) 한자로만 판독하라는 건 억지가 아닐 수 없다. 갑골문의 개개의 부호문자를 단지 1:1로 대응하는 단자(單字)의 한자로만 읽으라는 건 어불성설이다. 여러 종의 이런 부호문자는 각기 천부 삼인의 귀문 44(局,종)의 일부로 선사시대 여러 부족에서 사용하였던 아주 성숙하고 발달한 부호문자이다.

사실인즉 갑골문을 한자의 원형으로만 간주하고 한자로만 해명하는 건 천하의 중심 국가라는 논리를 세워 자(自)문화 중심의 사상으로 그 밖의 세계나 문명은 모두 천시하거나 배척하기 때문이다.

이런 억지는 대륙뿐만 아니라 반도와 열도에도 나타난다. 적지 않은 사람들은 현지에 출현한 천부삼인의 귀문을 기어이 옛 한글이나 일본어에 1:1로 대응하는 글로 판독을 시도하고 있는 것이다.

솔직히 천부인과 전승인의 이 이야기를 책으로 만드는 데 오랫동안 고심했다. 천부인과 전승인의 실존 사실을

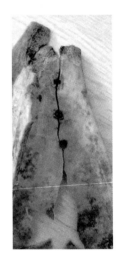

—
김씨 가족에 소장하고 있는 갑골, 갑골에 귀문(鬼文)의 일종인 점의 부호문자 고문(蠱文)이 새겨져 있다. 이번에 사진촬영을 하다가 그만 떨어뜨려 파손되었다.

세상에 까발리고 천기를 누설하기 때문이다. 그러다가 지우의 도인이 거듭 깨우치듯 일러주는 말에 마침내 작심을 하게 되었다. 정말이지 옛 부족장의 현생 전승인을 만나고 천부인의 비밀을 알게 된 건 천운(天運)이고 천의(天意)라고 하겠다. 결국 세상에 비낀 천지개벽의 징조의 하나라는 것. 하늘이 열리고 천문(天門)이 열리는 시기가 도래했기 때문에 가능하다는 것이다.

우리가 여태껏 잘 몰랐던 저쪽에는 도대체 무엇이 있었을까……

차례

제1장

청룡이 날아오른 수련장

"동네에는 한국의 유명한 도인이 일부러 와서 수련하고 있답니다. 그런데요…"

안내를 맡은 중국 연변의 조선족 작가 김춘택은 어찐 된 일인지 잠깐 말끝을 흐렸다.

숲속에 갑자기 숨 막힐 듯한 적막이 흐르고 있었다. 어디선가 물소리가 금방 귀가에 들려올 듯 했다.

이곳은 백두산 아래의 첫 동네라고 불리는 내두산촌(奶頭山村)이다. 마을 근처에는 이름 그대로 젖무덤 모양의 산이 둥그러니 솟아있다. 1931년 두만강 저쪽에서 반도의 간민(墾民)들이 이 지역으로 이주하여 처음 촌락을 세웠다고 현지의 안도현(安圖縣) 지명지(地名志)가 전한다.

한국 도인이 기도, 수련하고 있는 동네는 내두산의 깊은 수림에 있었다. 백두산 기슭의 세 번째 갈래의 흰 강이라고 하는 삼도백하(三道白河)가 수림을 흘러지난다. 수림 한복판의 평평한 마당에 초가 몇 채가 외롭게 서 있다.

"옛날은요, 청룡이 뒹굴던 마당(영지, 領地)이었다고 합니다. 그래서 예전에는 이곳을 청룡장(靑龍庄)이라고 불렀다고 합니다."

청룡장 숲가에 있는 당집(오른쪽)

　김춘택은 현지에 친척들이 있어서 마을의 이런저런 전설을 누구보다 더 많이 수집하고 있었다. 저자가 내두산 답사를 하면서 현지 안내를 특별히 그에게 부탁한 원인이기도 한다.

　청룡장 어귀의 적석총(積石塚)은 바로 뱀의 '집'이라고 전한다. 전설 속의 큰 뱀이 여기에 도사리고 있었다는 것. 언제인가 김춘택은 차탁 같은 네모 돌에 욕심을 부려서 차에 싣고 가려다가 동네 노인들의 호된 꾸지람을 받았단다. 자칫 영물의 둥지를 허물어뜨려 영물이 다른 곳으로 이사를 가버리게 만든다는 것이다.

—
청룡장 어귀에 있는 옛 돌무지, 부근에는 이런 돌들이 발견되지 않는다.

　그보다 신기한 이야기가 입소문으로 마을에 파다히 전하고 있다. 이번에는 김
춘택의 고종 사촌인 임명선이 전설의 주인공으로 등장한다. 임명선은 내두산의
촌민이고 또 청룡장의 집지기이다. 어느 날 임명선은 청룡장 초가의 헛간에서
난데없는 한 쌍의 뱀을 발견한다. 이름난 뱀잡이꾼 임명선에게는 그야말로 하늘
에서 복주머니가 떨어진 셈이다. 그런데 임명선은 무슨 귀신에게 홀린 듯 뱀을
수풀에 고스란히 방생한다.

　"돌무덤 근처에 갖고 가서 놓아주었어요. 그런데 참 이상하죠. 곧장 길을 지나
저만치 가더니 이번에는 강을 헤엄쳐서 건너요."

　뱀은 흡사 앞장서서 어디론가 길을 안내하고 있는 듯 했다. 임명선은 저도 몰

래 뱀을 따라 강을 건넜고 다시 강 저쪽의 수림에 들어섰다. 문득 뱀이 땅속으로 들어가듯 사라지더니 뒤미처 신비의 명초가 눈앞에 불쑥 나타났다.

"그때만 해도 육구만달을 보게 될 줄은 꿈에도 생각지 못했지요."

임명선은, 지금도 믿기 어렵다면서 연신 머리를 흔들었다.

심마니들에게 칠구 두루붙이(두루부처), 육구만달, 천년 각구라는 용어 표현이 있다. 최고의 산삼을 이르는 말이다. 육구만달은 심마니들의 은어로 잎이 여섯 난 산삼을 이른다. 삼대에서 잎으로 향하는 줄기가 여섯 개이며 한 뿌리에 보통 한 냥 이상의 무게가 간다. 이 신비의 명초는 평생을 산에서 살다시피 하는 심마니들도 좀처럼 보기 힘들다고 항간에 전한다.

임명선을 몹시 놀라게 한 일은 여기에 그치지 않고 있었다.

"그건 부부 산삼이었는데요. 또 애기 산삼 하나가 따라왔습니다."

그때 임명선이 방생한 뱀은 공교롭게 암수 한 쌍이었다. 그들 뱀은 정말로 한 쌍의 부부이었을까. 그리고 암컷 뱀은 또 남몰래 새끼를 배고 있었을까…

신기한 이야기이지만 이것은 백번이고 소설은 아니다.

사실상 한국의 그 도인이 내두산의 이 고장을 찾은 것 역시 백두산의 그 무슨 신비한 계시를 받았기 때문이라고 한다. 이씨 성의 이 도인은 석가모니의 탄생지인 네팔 룸비니의 동산에서 기도, 수련을 할 때 그곳에서 백두산을 만났다는 것이다. 이씨는 급기야 반도에서 허위허위 달려와 백두산을 다시 찾았다. 2005년에는 청룡장에 당집을 세우기에 이르렀고 해마다 분향하여 천신(天神) 기도를 올리고 있다.

——
양딸과 함께 백두산 천지를 찾은 이씨 도인(왼쪽)

그런데 난데없는 '괴물'이 백두산에 문득 나타났다. 코로나 사태가 갑자기 일어났고 금방 온 세상을 휩쓸었던 것이다. 이씨는 부득불 백두산 걸음을 잠시 뒤로 접어야 했다.

그러나 내두산의 이야기는 이로써 끝나는 게 아니다.

이번에는 점성가가 일부러 내두산에 달려왔다. 백두산의 도인 이야기에 귀가 솔깃했다고 한다. 점성가인즉 바로 이 글의 주인공 김성찬이다. 나는 단군부족의 이야기를 쓰면서 여러 해전부터 그를 알게 되었고, 이번 걸음에 그에게 내두산의 도인 이야기를 전했던 것이다.

김성찬은 선사시대의 늑대부족 족장의 직계 후손이다. 선사시대의 족장은 또 부족의 큰무당이었다. 김성찬은 이 큰무당의 전승인이다. 김성찬의 이름자는 시조의 족장 아니, 큰무당에게 전수된 28수 별자리의 옛 명칭을 가족의 돌림자로 사용하여 지은 것이다. 그동안 김성찬은 단군부족(연맹)이 한때 생활했던 백두산의 신기한 이야기들을 눈으로 보고 몸으로 겪고 싶었단다.

김성찬은 청룡장에 도착하자마자 둥그런 나침반을 놓고 마당 복판에 놓고 바늘의 움직임을 살펴 방위와 거리를 읽었다. 맙소사! 청룡장은 정말로 백두산의 둘도 없는 비지(秘地)이었다. 이무기는 설화 이야기처럼 이곳에서 비승(飛昇)하여 용으로 될 수 있었다는 것이다.

이야기는 그리하여 여기서부터 시작한다.

1절

천일위(天一位), 고대 왕실의 제사장(祭祀場)

이야기는 점성가를 만나 먼저 백두산의 신기한 비지(秘地)에 들어간다.

실은 김성찬의 가족사 자체가 아직 세상에 알려지지 않은 다른 '비지(秘地)'이다. 김성찬의 선조는 단군부족의 큰무당이었고 또 대대로 반도에서 나랏일을 돕던 왕실의 법사였다. 선사시대의 점성술은 김씨 가문에 그냥 맥을 끊지 않고 오늘까지 만년을 줄곧 이어오고 있다.

김성찬의 가족은 100년 전 두만강을 건너 백두산 기슭의 화룡(和龍)에 이주했고, 지금은 연변조선족자치주의 수부 연길(延吉)에서 살고 있다. 김성찬은 점성술을 습득한 후 기회를 찾아 연변의 신기한 곳들을 두루 섭렵하고 있었다. 음양론과 오행설에 따라 산세와 지세, 수세 등으로 판단하여 좋은 기운이 들어온다고 하는 그런 길지이었다. 그러다가 한국의 어떤 도인이 십여 년 전부터 일부러 청룡장에 와서 기도, 수련을 하고 있다는 입소문을 듣고 여기저기 물어서 이 깊은 수림 속의 동네까지 찾아온 것이다.

"여기 마당에는 그 무슨 이야기가 있다지요?"

초가 앞쪽의 널찍한 마당에서 김성찬 일행은 걸음을 멈췄다. 이름이 마당이지

실은 숲과 큰 나무가 우거졌던 곳이다. 누군가 몇 년 전에 나무들을 밑동까지 찍어서 이 마당을 닦았다고 한다. 무허가 벌채는 도목이나 파괴 행위이다. 이 때문에 청룡장은 해당 관리부문에 거액의 벌금을 내야 했다.

아무튼 초가 주변에는 나무들이 아름드리로 무성하게 자라고 있었다. 촌민들은 오래 전에 이곳을 떠났다. 그들은 청룡장이 이름처럼 청룡의 마당(영지, 領地)이었다는 전설 같은 이야기를 구전으로 현지에 남기고 있을 뿐이다.

전하는데 따르면 이무기는 천년을 수행하면 용으로 승천할 수 있다고 한다. 정말로 이곳에서 이무기가 수련하여 청룡으로 변신하였을까…

청룡장 어귀의 적석총은 사실상 큰 뱀의 '이무기'를 꽁꽁 가둬넣은 돌의 '감방'이라고 한다. 내두산 마을에 전하고 있는 이 이야기가 정말 흥미롭다. 청룡장은 기실 고구려나 발해 때의 군사들의 비밀 수련장이었다고 마을에 구전하는 이야기도 예사롭지 않다.

실제로 전설의 청룡장은 아직도 청룡이 시퍼렇게 살아 있었다.

김성찬은 나침반을 살펴보더니 몸을 흠칫했다. "어, 이곳(청룡장)에 수련 도장이 있는 게 맞는데요."

수련장은 도인이 거주하던 당집 근처의 숲속에 있었다. 돗자리 한두 장을 깔 수 있을 작은 터였다. 수련장의 주변에는 나무들이 바자처럼 둘러섰다. 바깥쪽에서 날아오던 바람은 이곳에 이르러 갑자기 물처럼 포근히 잦아들고 있었다.

"이런 터를 천일위(天一位)라고 부릅니다. 기가 그냥 안쪽을 맴돌고 밖으로 잘 빠지지 않거든요."

천일은 기가 한데 뭉치는 땅위의 자기장이다. 옛날 부족은 이런 곳을 찾아 궁실을 지었다고 김씨 가족에 전한다. 김성찬은 청룡장에 오기 전에 천일의 자리

마당 앞쪽으로 옮겨진 청룡장의 석비.

를 연변에서 두 번 만났다. 그러나 하나는 고속도로를 닦으면서 훼손되었고 다른 하나는 어디론가 자리를 뜨고 있었다.

천일은 한나라 때는 왕실에서 제사를 올리던 삼일(三一) 주신(主神)의 하나였다. 일명 청룡(靑龍), 태음(太陰), 음덕(陰德), 세음(歲陰)이라고 부른다. 한무제(漢武帝) 때 삼일 주신이 제사 행사는 정월 보름날로 정했다고 한다. 삼일신은 천일(天一), 지일(地一), 태일(太一)이며 세상의 모든 것을 주재하는 신이다. 진(晉)나라 때 천일은 또 관방에서 제사를 올리던 북극자궁(北極紫宮) 천제의 하나였으며 당나라와 송나라 때에는 제사를 올리던 구궁(九宮)의 귀한 신이었다.

김성찬은 천일을 더 자세하게 설명했다. "천일은 봉황이 있고 발(鉢)이 있어야 합니다. 그래야 풍수의 좋은 형국이 이뤄지거든요. 밥그릇이 없으면 천일은 그냥 다른 데로 가버려요."

청룡장의 천일은 삼도백하의 강기슭 언덕에서 산을 등지고 있다. 앞에는 좋은 밥그릇의 밭이 놓이고 뒤로는 봉황이 깃을 펼치고 있다.

예전에 청룡장 천일의 근처에는 키 높이의 석비가 서 있었다. 그러고 보면 선인(先人)들은 분명히 청룡장에 위치한 천일의 자리를 잘 알고 있었던 것 같다. 이 석비는 10여 년 전 부근에 초가를 지으면서 집주인에 의해 마당 앞쪽의 기도터로 자리를 옮겼다.

내두산의 전설처럼 이무기가 용으로 비승(飛昇)했는지는 현재로선 알 수 없다. 다만 청룡장이 백두산 산중에 있는 천혜의 도장이었다는 것만은 분명하다. 이런 기이한 곳을 만나면 인간은 물론이고 동물도 만나면 둥지를 틀고 좀처럼 떠나지 않는다.

백두산에 숨어있던 내밀한 속살은 마침내 세상에 드러나고 있다.

그러나 영기를 품고 있는 것은 천일의 자리만 아니다. 산삼 같은 영초(靈草) 역시 땅 위에 있는 신령스런 존재이다.

"속설에도 백년 산삼은 영물이 지키고 있다고 전하거든요. 산삼의 지킴이로 늘 구렁이 같은 큰 동물이 등장하는 게 전혀 이상하지 않습니다."

다 꾸며낸 이야기로 간주할 수 없다고 김성찬은 거듭 말한다.

하긴 야생동물도 거개 영초를 즐겨 먹는다. 영초에 특이한 약효가 있다는 것을 천성적으로 알고 있는 것이다. 당연히 영초의 서식지를 찾아가서 열매를 따서 먹고 잎을 뜯어서 먹는다. 나중에 영초가 생장하는 산에는 큰 동물이 생기거나 수명이 엄청 긴 짐승이 나타나는 것이다.

"이런 큰 동물이 늘 영초의 근처에 뛰어다니니까 마치 영초의 수호신처럼 보이는 거지요."

마치 신화의 어느 줄거리를 꺼내 다시 곱씹는 듯했다.

"백년 호랑이처럼 수명이 엄청 늘어난 영물(靈物)이 있죠? 영물의 장수 같은 신기한 이야기의 비밀은요, 바로 이런 숲속에 깃들어 있답니다."

옛말에 이르기를, 영기를 받아 인걸(人傑)이 태어나고 영기를 받아 영물이 출현한다고 했다. 천일의 자리는 말 그대로 하늘과 땅의 영기(靈氣)를 한데 모은 명당이다. 노루가 즐겨 뛰어 노니는 서식지는 대개 명당이 있는 곳이다. 노루는 그를 보호, 발전할 수 있도록 감각적으로 영기가 있는 명당을 찾는다. 이처럼 동물을 스승으로 삼아 명당을 찾을 수 있다. 동물이 명당을 찾아 둥지를 트는 것처럼 인간은 명당을 찾아 기도, 수련을 한다.

인간과 동물은 발전, 진화에서 모두 다섯 단계를 거친다. 인간은 범인(凡人), 귀(鬼), 성인(聖人), 선인(仙人), 능인(能人)으로 발전하며 동물은 점진적으로 귀(鬼), 정(精), 영(靈), 선(仙), 신(神)으로 발달하는 순서를 밟는다.

"인간이든 동물이든 단계적으로 상승, 발전하는데요, 이때 동물은 인간보다 여러 곱절이나 더 어렵고 고통스럽다고 합니다. 동물은 귀(鬼)부터 천안(天眼)이 열려요."

김성찬은 이렇게 가족에 전승하는 영물과 영적 세계의 이야기를 밝힌다.

신기한 일은 천일 같은 기이한 곳의 주변에 자주 생긴다. 임명선이 뱀을 방생하다가 문득 오랜 산삼을 무더기로 발견한 것은 결코 우연이 아니다. 사실상 청룡장 앞쪽 봉황 형국의 산에서도 희귀한 산삼이 발견되었다. 산삼을 발견한 근처의 숲에는 삼꾼들이 나무에 녹각으로 특별히 새겨놓은 부호 표기까지 있다.

낙서하듯 나무에 그은 흔적, 산삼을 캔 시간과 자리를 기록한 부호 표기이다.

나무의 가로세로 그은 줄들은 산삼 발견지의 방향과 거리, 발견된 시간을 밝힌다. 이런 줄은 함부로 쭉쭉 긋는 게 아니었다. 내리 줄 하나가 대개 10년 시간을 표시한단다. 산삼을 캤던 곳을 기어이 부호로 표기하는 이유가 있었다. 상당한 시간이 지난 후이면 그 자리에 다시 산삼이 자란다는 것이다.

이와 유사한 표기 부호를 임명선은 일찍 내두산 마을의 노인들로부터 배운 적 있다.

"우리 마을의 삼꾼은 이걸 고토(古土)를 (표기)한다고 말합니다."

고토는 산삼이 자라던 원래의 그 곳을 이르는 심마니들의 은어(隱語)이다. 임명선도 얼마 전에 산삼을 캐낸 후 그 부근의 나무에 곧바로 고토를 표기했다고 말한다.

산삼을 발견한 내용을 표기하는 이런 부호는 일찍 송나라 때부터 시작되었다. 이 부호는 약 1천년의 세월을 거치면서 시대적으로 약간의 변화가 일어났고 또 부족이나 가족에 따라 표기하는 모양이 다소 달라졌다.

그래도 초보 심마니가 아니라면 다들 부호의 의미를 대강 읽을 수 있다고 한다.

"산삼을 발견한 곳은 이 나무의 전방 약 120미터 떨어진 곳입니다. 나무의 부호는 벌써 20년 전에 표기한 겁니다."

김성찬은 나무에 새긴 줄무늬의 부호를 살피더니 이렇게 말한다.

잠깐, 부호가 표기된 이 나무는 뭔가 이상했다. 언제인가 하늘에서 난데없는 벼락이 떨어져서 허리가 뭉텅 부러져 있었던 것이다.

2절

◇◇◇◇◇

번개를 쫓아가는 이뇌인(耳雷人)

정말이지 하늘의 번개도 그가 앉고 누울 자리를 따로 찾아가는 듯하다. 청룡장 북산의 서쪽 비탈은 온통 벼락을 맞은 나무 투성이다. 이런 나무는 밑동에 거개 시커멓게 구새 먹은 자리가 나있다.

"여기 산비탈에는 철분이 많아요. 나무 주변 30~50미터의 둘레가 다 그래요. 분명히 자수정(紫水晶)이 묻혀 있는 거지요."

김성찬은 땅 아래를 투시하여 뚫어보듯 이렇게 단마디로 말했다.

자수정은 미량 함유된 이산화철(FeO2)에 의해 자줏빛을 발하는 석영의 변종이다. 보통 돌의 공동(空洞) 안에서 생기며 산화철이 많을수록 색이 한결 짙다. 불순물이 적고 물처럼 투명하여 보석으로 가치를 인정받는다.

동행한 친구는 얼굴에 대뜸 희색을 띠운다.

"그럼 산을 캐야 하는 것 아닌가. 큰돈을 벌수 있잖아?"

"..."

김성찬은 듣다 말고 헛웃음을 지었다.

하긴 자수정 개개가 다 고가의 보석급인 건 아니다. 손톱만한 등급의 원석은

두만강 오른쪽의 오지산, 손등 위치에 고분이 있다.

단 몇 위안이면 살 수 있다. 흙과 돌 그리고 지형으로 미뤄 볼 때 최소 3미터 이하의 땅속에 묻혀있는 것 같다.

어릴 때 김성찬은 숙부를 따라 특별히 광물 공부를 했다. 이것은 나중에 그가 풍수지리를 익히는데 큰 도움이 되었다.

광물 탐사와 활용은 김씨 가족의 또 다른 특기이다. 예전에 할머니는 가끔 점토를 캐서 주무르고 두드려 모양을 빚었고 불가마에 흙과 물을 바람과 함께 숨처럼 불어 넣어서 찻그릇을 구워냈다. 와중에 예쁘고 편한 찻종은 할아버지가 골동품처럼 애지중지하던 기물이었다.

"그런데요…" 김성찬을 설명을 하다 말고 또 한 번 머리를 내젓는다.

"사람들은 내가 새빨간 거짓말을 한대요. 우리 이곳에 점토가 있다는 얘기는 처음 듣는답니다. 가족사를 아주 신기한 것으로 여기게 하려고 뻥을 치는 것이라고 조롱해요."

찻그릇을 만드는데 사용되는 자사(紫砂)는 철분이 많은 점토질의 분사암(粉砂岩)이다. 통상 대륙 남부의 강소성(江蘇省) 의흥(宜興) 일대에서 산출하는 것으로 알려지고 있다. 그런데 국가에서 통제하는 이 희토류의 광석은 대륙의 편벽한 연변 지역에서도 출현하고 있다는 것이다.

김성찬은 현지에 답사를 다니면서 토기용 점토를 심심찮게 만났다. "점토는 연변에서 무슨 특산물이 아닙니다. 그저 품질의 좋고 나쁨의 차별이 있을 뿐이겠지요. 어떤 곳은 땅위에 빤히 드러나서 쉽게 볼 수 있던데요."

점토는 일광산(日光山)에서 이예 벌거숭이의 모양으로 맨몸을 드러낸다. 길가의 맨숭맨숭한 산비탈에 진딧물처럼 덕지덕지 붙어있다.

일광산은 연변 동부의 두만강 기슭에 위치한다. 큰 사찰이 일떠선 곳으로 세간에서 유명세를 타고 있다. 실제 좌청룡, 우백호, 전주작, 후현무의 형국이 골고루 다 갖춰진 명당이다. 게다가 두만강의 이쪽에는 웬 사자가 웅크리고 앉아있고 두만강의 저쪽에는 또 다른 청룡 한 마리가 다섯 발톱을 움켜쥔 채 잔뜩 도사리고 있다.

사자와 청룡의 기에 눌렸던가. 사자 머리의 아래에 있던 옛 샘터의 샘물이 얼마 전부터 바싹 말라버렸다. 실은 누군가 샘가에 홀연히 나타난 큰 뱀을 잡아서 죽인 탓이라고 한다.

"샘터를 찾는 뱀은 수룡(水龍)의 아들이라고 하는데요. 자식이 난데없는 생죽임을 당하니 수룡은 노해서 자리를 떠버린 것이지요."

두만강 기슭에 웅크린 사자, 턱 아래의 저쪽 비탈에 천문의 석굴이 있다.

샘터에는 정말로 신령스런 용이 있었다고 항간에 전한다. 천국으로 통하는 천문(天門)이 있었다는 것이다. 하늘의 기운(天氣)과 용의 숨(龍息)이 어울려 교감을 했다고 한다. 이곳에서 수련하는 사람은 자의든 타의든 용의 기운을 몸에 받는다는 것이다. 그래서 옛날에는 무사(武士)들의 훈련 장소로 사용되었다. 그때 샘터 근처에는 산신제를 올리는 제단이 있었으며 지금도 이곳을 찾아오는 무당, 도사들이 적지 않다.

실제로 샘터 뒤쪽의 벼랑 아래에 천문이 있다. 현지인들은 이 동굴을 그냥 '호랑이의 굴'이라고 부른다. 수십 미터 깊이의 이 동굴에는 샘물이 있으며 언제나

얼음이 끼어 있다.

"해마다 특정된 시간이 되면 햇빛이 동굴의 깊은 데까지 비쳐들어요."

이때인즉 하늘에서 천신이 인간 세상에 내려오는 시각이다. 천신은 범인(凡人)이 함부로 천국에 드나드는 것을 막기 위해 방어벽을 세운다. 지상의 천문에 이 중삼중의 자물쇠를 장치한 것이다. 그리하여 이 천문을 지나려면 '열쇠'가 있어야 한다. 또 세월이 오래면 자물쇠에 녹이 쓸 듯 천문은 일정 시간이 지난 후 보수해야 다시 사용할 수 있다.

천문의 '열쇠' 이야기는 『성경』에도 등장한다. 바티칸시국 성 베드로 대성당의 북면에는 예수의 일생을 그린 프레스코화(1482년경)가 있는데, 이 작품에는 예수가 수제자 베드로에게 천국의 열쇠를 주는 장면이 그려있다. 이때 그림의 열쇠는 천문을 여는 비밀의 상징물로 되고 있는 것이다.

성 베드로에게 천국의 열쇠를 주는 예수.

일광산의 천문에는 용이든 천신이든 오랫동안 나타나지 않았다. 그들의 고향이 우주전쟁에서 붕괴되어 산산이 조각으로 흩어졌기 때문이다. 화성과 목성 사이에는 이때부터 소행성 벨트(asteroid belt)가 생겨난다.

"육각성(六角星)이라고 불리던 별입니다. 빛(光), 어둠(暗), 불(火), 흙(土), 물(水), 바람(风), 우레(雷)의 여섯 요소로 이뤄졌다고 합니다."

일광산은 그야말로 이름처럼 하늘의 찬연한 빛이 내린 신기한 산이다. 옛날부터 방방곡곡에서 많은 승려와 도인들은 일부러 일광산을 찾아와 도를 닦았다. 지금도 근처의 산에는 양생과 수련의 단약을 달이던 옛 흔적이 남아있으며 또 8백년의 시간이 내려앉은 왕조시대의 고분이 있다. 근세의 고승인 수월(水月, 1855~1928)스님도 일광산의 남쪽 산등성에 암자를 세우고 수련을 했다. 수월스님은 근대 선불교의 중흥조인 경허대선사(鏡虛大禪師)의 가장 큰 법제자이다. 전한데 따르면 수월스님이 손을 내밀면 날아가던 까치도 앞을 다투어 내려앉았고, 수월스님이 산에 들어가면 꿩, 노루, 토끼들이 떼를 지어 몰려들었다고 한다. 더구나 경이로운 것은 수월스님이 수행을 했던 정사(精舍)가 바로 천문 동굴의 천정(天庭)에 자리한다는 것이다. 또 기이한 것은 일광산의 북쪽 청룡의 깊숙한 위치에도 웬 천연동굴이 있으니, 1990년대 말까지 어느 백발 도인이 이곳에 머물며 수련을 했다는 것이다. 이 천연동굴은 천문의 동굴과 비슷하지만 수정 광석이 있어서 예로부터 수련자의 길지로 되어있다. 승려와 도인, 암자의 이야기는 일광산 부근의 여러 동네

100세 도인이 수련했던 천연동굴. 광물 채굴로 인해 대청 모양의 앞부분은 전부 파괴된 상태이다.

에 파다히 전한다.

두만강은 아시아 동북의 성산인 백두산의 젖줄기이다. 700리 두만강의 주변에는 일광산 같은 풍수의 길지가 여러 곳 된다. 두만강을 답사하던 김성찬은 백두산 부근의 어느 산등성이에 힘들게 톺아 올랐다가 이곳을 찾아온 길림(吉林) 지역의 어느 젊은이와 문득 조우한다.

"수풀에서 시커먼 게 뛰쳐나와서 깜짝 놀랐어요. 멧돼지 같은 큰 짐승인줄 알았거든요."

"검은 도복을 입은 젊은 친구였어요. 저와는 한 살 터울이었습니다."

"알고 보니 나처럼 별자리를 보고 수맥과 지형을 헤아려 길지를 찾아온 것이었습니다."

"하늘의 별자리를 볼 줄 아는 점성가는 세상에서 결코 나뿐만 아니란 걸 알게 되었습니다."

세 마디 안팎에 얘기가 서로 통했다. 별을 보고 땅을 읽는 두 사람은 그날부터 막역지우가 되었다.

알고 보니 젊은이는 이뇌인(耳雷人)이었다. 이뇌인은 번개에 담긴 메시지를 기록, 해독하는 사람을 이르던 상고시대의 옛 명칭이다. 그들이 사용하는 옛 부호문자를 뇌온문(雷蘊文)이라고 하며 일명 초등문(草藤文)이라고 부른다고 김씨 가족이 전한다.

뇌온문은 단군신화에 나오는 천부삼인(天符三印)의 귀문(鬼文) 44국(局, 종)의 제일 마지막 부호문자이다. 이 어휘를 그대로 해석하면 번개의 뜻을 숨긴 글이라는 의미이다.

하늘에서 내리는 번개는 옛날 선인(先人)들에게 경외심 그 자체였다. 번개를 초월적인 존재로 여겼으며 따라서 번개는 '신령'이라는 의미를 가졌던 것이다. 금문의 귀신 신(神)은 두 부분으로 구성되는데, 오른쪽은 전기 전(電)이며 왼쪽은 제단을 본뜬 보일 시(示)이다. 하늘이 내리는 전기 번개에 제사를 지낸다는 의미가 귀신 신(神) 글자가 되는 것이다.

신의 메시지를 읽는다는 이야기는 몽환처럼 허황하게 들린다. 황당하고 미덥지 못한 사람으로 여길 수 있다. 그보다 신과 소통한다는 건 쉽게 입 밖에 자랑할 이야기가 아니다. 이뇌인은 이름의 숨길 온(온)처럼 그들의 신분을 세간에 밝히는 것을 몹시 꺼려한다.

김성찬이 만났던 젊은 친구는 이름과 주소를 이 글에 밝히는 것을 기어이 마다했다. 김성찬처럼 역시 은둔자였다.

실제로 이뇌인은 번개처럼 잠깐 나타났다가 홀연히 사라지는 기이한 족속이다.

—
번개를 맞은 대추나무로 조각한 신장(神將)과 영패(令牌).

번개는 구름과 구름, 구름과 땅 사이 혹은 구름 속에서 일어나는 강력한 방전 현상이다. 땅에 번개가 떨어진다면 그곳의 감응 전기는 곧바로 방출되며 제2차 번개가 짧은 시간에 다시 한 곳에 떨어질 확률은 거의 영에 가깝다.

신기한 이야기가 있다. 똑같은 번개는 세상에 두 번 나타난다고 김성찬은 가족사의 비사(秘史)를 밝힌다. 하늘에서 내리는 번개가 있고 땅에서 오르는 번개가 있다는 것이다.

"하늘의 번개를 다 읽으려면 번개를 만 번은 만나야 합니다."

벼락은 자연계에서 해마다 수백만 번 내린다. 데이터에 따르면 미국에서 해마다 약 400명의 사람이 벼락을 맞는다. 이 가운데서 벼락을 맞는 사람의 사망률은 10% 정도이며 나머지 90%의 사람은 생존이 가능하다.

세계적으로 번개가 제일 많은 곳은 베네수엘라의 마카라이보 호수에 있다고 미국 항공우주국(NASA)이 전한다. 이곳은 해마다 297일은 번개의 습격을 받고 있다는 것이다.

하늘의 번개는 땅위의 기이한 현상과 한데 잇닿아 있다. '벼락을 맞은 이무기'의 이야기는 우리가 어릴 때부터 즐겨 듣던 전설이다. 이무기의 가장 큰 꿈은 어떻게 해서든지 신기한 용이 되는 것이다. 용은 비와 폭풍, 번개, 우박, 구름을 불러오는 강력한 조화를 부릴 수 있기 때문이다. 뱀은 천년을 수련하면 교(蛟, 뿔이 없는 용)가 되며 다시 천년을 수련하면 용으로 된다고 한다.

뱀이 용으로 부활하는 것은 결국 천명을 어기는 과정이다. 이에 하늘은 뇌겁(雷劫) 같은 재액을 내리는 것이다. 동물은 도겁(渡劫)을 해야 질곡을 돌파하여 비승(飛昇)을 할 수 있다. 겁난(劫難)을 이겨내고 거듭나는 데는 결국 하늘의 베품이 있어야 한다.

인간의 선계 수행도 이와 별로 다르지 않다. 이뇌인은 천인(天人)의 천부를 갖고 있더라도 종국적으로 전승과 수련 과정이 있어야 한다. 친구 이뇌인은 조모로부터 가족의 반만년 유산의 전승을 이어받고 수련을 했다. 성찬이를 처음 만난 그때 벌써 깊은 산속에서 나침반을 사용하지 않고서도 금방 방향과 위치를 정확히 잡고 있었다.

"이 친구는 16살 때 번개를 몸에 받는 수련 방법을 전수 받았다고 합니다."

"친구의 가족에는 번개를 받는 수련 비법이 있다고 말해요. 하긴 자칫하면 번개에 즉사하거든요."

"땅에 번개가 떨어지는 장소와 시간을 미리 알고 있어요."

"번개를 받을 때는 입에 구슬을 물고 손에 구리줄을 꼭 쥐어야 한대요."

번개를 받을 때 입에 구슬을 물고 있다니… 하필이면 이무기는 여의주가 있어야 승천할 수 있다는 옛 이야기를 머리에 떠올리게 된다. 신령스러운 영물(靈物)은 여의주의 신통함을 얻어야 비속의 껍질을 벗고 용으로 거듭날 수 있다는 것이다.

때를 기다리던 용도 막상 큰물을 만나야 물살을 헤가르고 하늘에 날아오른다.

전설에 따르면 이무기는 천년의 수련기간 여의주를 찾아야 하며 또 몸에 여의주의 힘을 채워서 이 힘을 빌어야 승천할 수 있다. 이무기의 힘은 여의주를 입에 넣었을 때라야 생기며 미구에 하늘의 번개를 맞고 해탈과 열반에 이르는 것이다.

삼족오, 천신 등을 공양한 구현신명관.

젊은 친구는 옷을 벗고 김성찬에게 어깨를 드러냈다. 핏줄 같은 불긋불긋한 무늬가 살가죽에 얼기설기 얽혀있었다. 벼락은 윗몸으로 들어온 후 아랫몸을 거쳐 발바닥으로 빠져 나갔다. 발바닥에는 구멍이 펑하고 뚫린 자리가 그냥 흉하게 남아있었다. 친구는 일부러 번개를 맞은 후 며칠은 병원 신세를 입었다고 한다.

젊은 친구는 그렇게 궁극적으로 번개도사의 이뇌인으로 탈바꿈한다.

"시간 여행을 소재로 하는 영화가 있지요? 주인공은 벼락을 맞은 후 늘 기이한 일에 봉착합니다. 하늘의 에너지를 몸에 받은 거죠. 이때 주인공은 갑자기 초자연적인 능력이나 염력을 얻어요."

"다른 건 몰라도 이 친구는 기억력이 참으로 비상했습니다. 한번 읽은 책은 다시 펼치지 않아요."

"번개를 읽고 세상사를 공부합니다. 세계의 어제를 다시 읽고 세계의 내일을 미리 읽어요."

이뇌인은 법사 의례를 치를 때 영패를 들고 신장(神將)을 불러 임무를 얘기한다. 영패와 신장 조각물은 꼭 번개를 맞은 대추나무로 조각되어야 한다. 이때 이뇌인은 머리에 법모(法帽)를 쓰고 몸에 법의를 입는다.

젊은 친구는 법모와 법의를 찍은 사진을 김성찬에게 보여줬다.

"법사의 모자는 구현신명관(九玄神明冠), 옷은 만생법포(萬生法袍)라고 부릅니다."

"모자는 깃처럼 아홉 개의 나무 조각을 꽂는데요, 조각마다 각각 그림을 새겨요. 그림의 불은 태양으로 삼족오를 의미하구요, 그 아래의 작은 새는 천신을 의미합니다. 천신이 강림해서 금까마귀를 불러 날마다 해를 뜨게 합니다."

"날개를 펼친 큰새는 금까마귀인데요, 아홉 개의 태양을 상징합니다."

법모의 명칭에 나오는 구현(九玄)은 구천현녀(九天玄女)를 말한다. 『산해경(山海經)』에 이르기를, "치우가 풍백, 우사를 불러 큰 바람과 비를 일으키니 황제가 천녀 발(魃)을 시켜 비를 멈추게 했고 드디어 치우를 죽였다." 여기에서 나오는 발이 바로 구천현녀이다. 현녀는 푸른 옷을 입는 천녀인데, 그가 사는 곳에는 비가 내리지 않는다고 한다. 신화에서 병법을 전수한 천녀로 나오며 도교는 그를 술수의 높은 품계 여신으로 추앙한다.

구현신명관은 불교의 오불관(五佛冠)과 도교의 오로관(五老冠)을 방불케 한다. 오불관은 불교의례 때 쓰는 오각의 관으로 연꽃잎 모양의 다섯 꽃잎이 둥글게 한데 이어지며 꽃잎마다 부처님을 모신 불감이 그려 있다. 도사의 오로관도 다섯 연꽃잎이며 연꽃잎에 각기 오방(五方)의 오로(五老) 신상을 그린다. 구현신명관은 오불관이나 오로관과 마찬가지로 의례에 참가할 때만 착용이 가능하며 여타의 비공식 장소에서는 쓰지 않는다.

젊은 친구가 물려받은 법의는 청나라 말의 유물이며 고조가 직접 지은 것이라고 한다. 구현신명관과 더불어 가족의 전승인에게 전승되는 비보(秘寶)라는 것이다. 옷에 장식물처럼 달린 물건은 개개가 모두 특별한 의미가 있지만, 가족 전승물의 내밀한 정체를 마음대로 다 공개할 수 없다면서 젊은 친구는 김성찬에게 거듭 양해를 구했다.

젊은 친구에게 비법을 전승한 할머니는 옛 8대 부족의 하나인 오소리부족의 후손이다. 할머니가 양녀로 들어가면서 오소리부족의 훗날의 성씨는 끝내 세간에 잊혀졌다.

젊은 친구의 이름과 사진을 궁극적으로 비공개로 하는 까닭이 있었다. 지금까지 가족에 비밀히 전승되었기 때문에 이뇌인의 술법은 근대의 청나라, 민국, 인민공화국 시기의 거듭되는 동란을 거치면서도 그냥 가족에 잘 보존되고 전승될 수 있었다.

"구리판에 그려진 동물은 두꺼비와 사슴, 거미, 뱀 등입니다. 제일 위쪽 구리판의 둥근 그림은 만물의 결합을 상징합니다."

"구리거울 3개는 삼생(三生)을 비춰 나타냅니다. 조가비는 옛날에 돈으로 사용되었는데요, 하늘과 땅에 다 통용되는 영물로 기운을 얻을 수 있습니다."

"흰색의 도끼는 하늘과 땅을 가를 수 있는 법기를 말합니다. 하늘과 땅을 열었다는 신화적인 인물 반고(盤古)와 연관이 있습니다."

이뇌인의 법포.

이뇌인은 번개가 인간계에 내리는 메시지는 일일이 부호로 적힌다. 번개를 읽고 하늘과 교감을 나누며 하늘의 은혜를 받는다. 수행, 수련을 통해 천부의 재능을 꽃피우고 비승하며 궁극적으로 깊은 행복과 성취를 얻는다.

"번개를 받고 기록, 판독할 때 친구는 가족의 비밀스런 구결(口訣)을 읽어요."

"구결은 친구 가족의 비밀스런 전승물이라서 더 이상 묻지 못했습니다."

"친구가 쓰는 부호도 분명히 귀문(鬼文) 일종의 뇌온문(雷坴文) 계통입니다. 그런데 우리 가족이 전승한 것과는 약간 달라요. 예를 들면 부호에 동그라미가 들어있습니다. 훗날 알게 된 건데요, 뇌온문은 적어도 네 개의 분파가 있습니다."

번개를 통해 천계의 뇌공(雷公)과 뇌모(雷母)는 인간계에 정보를 전한다고 도교 문헌이 밝힌다. 하늘의 이런 정보를 읽을 수 있는 특이한 번개 도사들을 경뇌자(警雷子)라고 부른다는 것이다. 뇌운경(雷運經)은 바로 이 경뇌자의 번개 기록이다.

뇌운경이라고 하든 아니면 뇌온문이라고 하든 번개의 메시지를 기록하는 방법은 거의 다 비슷하다.

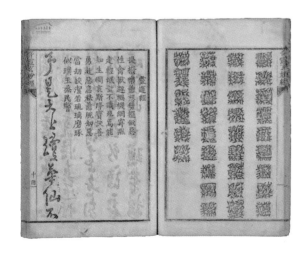

번개의 메시지를 기록하는 부호문자 뇌온문(雷坴文), 사진의 부호들은 신을 불러 하늘에 돌아오라는 의미이다.

김성찬은 종이 위에 그림을 그리고 자세하게 설명을 했다.

"먼저 모래판 위에 삼각대를 놓아요. 삼각대는 쇠줄로 엮은 특별한 기물입니다. 이 삼각대의 중간에 추(錘) 두 개를 달아맨 기다란 끈을 드리워요. 번개가 땅에 떨어지면 실의 추가 금방 좌우로 이리저리 움직입니다. 그러면 모래판에 웬 부호가 구불구불 새겨져요. 이걸 '불이 내린다(降火)'라고 말합니다. 신의 뜻을 불러서 적는 거지요."

모래판에 나타난 부호는 종국적으로 오음, 오행, 오성의 고대 술수를 통해 판독된다. 다른 세계의 신기한 그 이야기는 이렇게 세상에 알려지고 있다.

제2장

백두산의 꼭대기에 달문이 열렸네

"번개처럼 천계와 통하는 은밀한 곳은 하나 또 있어요. 천지 기슭의 옛 시찰은 천계와 마주 잇닿는 수련장이라고 하지요."

김성찬은 천지에 숨겨있는 천기(天機)를 드러냈다.

청호(靑狐)부족은 중국 대륙에 있던 적지 않은 천문을 기록했다. 천문은 연변 지역에만 해도 하나 뿐이 아니다. 청호부족은 지구의 소실된 신비한 대륙처럼 오래전에 이미 멸종된 선사시대의 옛 부족이다.

천지는 별스럽게 산꼭대기에 자리 잡고 있는 호수이다. 어쩌면 하늘의 호수가 문득 땅에 떨어져 숨은 듯하다. '천지'라는 이 이름은 실은 얼마 전에야 비로소 부르게 된 명칭이다. 안도현(安圖縣)의 초대 지현(知縣)인 유건봉(劉建封, 1865~1952)이 작명한 것이다. 호수의 출구라고 전하는 달문(達門)이 바로 천지의 옛 이름이다. 달문은 우리말로 높은 지대나 산에 있는 못을 뜻한다. 실제로 천지는 조선시대 후기까지 큰못이라는 의미로 대택(大澤)이나 대지(大池)라고 불렸으며 또 용이 살고 있는 못이라는 의미로 용담(龍潭)이라고 불렸다.

946년, 백두산 천지에서 사상 보기 드문 큰 화산 분출이 일어났다. 이때 반도 중부의 개성에서 커다란 천둥이 울렸다고 『고려사』가 기록하며 일본 북부의 교토

안도 초대 현장의 조각상, 안도 시내의 어느 건물 앞에 팽개쳐있다.

까지 흰 재가 날려가서 눈처럼 내렸다고 고후쿠지(興福寺)의 연대기가 기록한다.

천지의 연령을 이때부터 시작한 약 1천년 정도로 보는 게 일반의 시각이다.

백두산에는 역대로 4차의 큰 화산 분출이 있었다. 약 5천 년 전에도 화산이 발생했다. 단군 부족이 백두산으로 이동했던 그 무렵에는 분화구에 큰 호수가 형성되었으며 마름모형의 지금의 형태와 별반 다르지 않았다.

그때 단군부족은 귀지(貴地)를 찾아 백두산으로 대거 이주했다고 김씨의 가족사는 기록하고 있다. 백두산은 하늘의 기운을 받아 양기가 창궐하며 생명을 배태하고 번식할 수 있는 길한 곳이라는 것이다. 마침 여인의 젖무덤 같은 쌍둥이 산이 백두산 기슭에 봉긋하게 솟아있다.

"아기가 태어나면 곧바로 천지의 물을 집에 떠와서 목욕을 시켰다고 합니다. 아기는 백일을 내내 이렇게 목욕을 했다고 해요. 부디 건강하고 장수하라구요."

자손의 번성은 씨족사회에서 가장 큰 축복으로 된다. 그래야 가족은 보존이 가능하고 부족은 번창할 수 있었기 때문이다.

이윽고 백두산 기슭에는 크고 작은 동네가 옹기종기 일떠섰다. 산정의 천지 남북과 호심에는 또 공물을 올릴 제단이 생겨났다. 하늘의 삼태성에 서로 대응하는 땅위의 제단이었다.

사람들은 제단 앞에 시립하여 신과 왕족, 부족을 위해 제사를 지냈다.

주제(主祭)를 지내는 신단(神壇)은 호수의 한가운데에 있었다. 제관(祭官)은 배를 타고 가서 신령에게 제사를 올렸다. 신단은 신적 존재와 인간을 잇는 통로이다. 신에게 드리는 공물은 제관들에 의해 뿌려서 호수에 넣어졌다.

천지는 깊이가 평균 200여m이며 최대 384m이다. 아시아에서 제일 크고 세계에서 가장 깊은 화산 호수이다.

"불은 땅 밑의 용암(鎔巖)과 이어지고 물은

천지의 푸른 세점은 삼태성에 대응하는 제단이다. 천지는 또 꼬리(천지쪽으로 들어간 산줄기)를 안쪽으로 사리고 머리(윗쪽 푸른점 부분)를 바다쪽으로 향한 거북이 형국이다.

저쪽의 바다까지 통한다고 하지요."

천지는 반이 불의 웅덩이이요, 반이 물의 웅덩이이라는 것이다.

아닌 게 아니라 용담이라는 옛 이름처럼 화룡(火龍)이나 수룡(水龍)이 언제라도 넓은 호수에 문득 떠올라 하늘로 치솟아 날아오를 것 같다.

상상은 금방 날개를 접어야 한다. 천지는 기실 꼬리를 몸속에 사린 거북이의 형국이란다. 공중에서 부감하면 천지는 말 그대로 산정에 납작 엎드린 큰 거북이를 방불케 한다. 이 거북이는 세상에서 제일 큰 불거북이라고 김씨 가족에 전한다. 거북이의 주발(周鉢)은 바로 제관이 공물을 올리던 호심에 있다.

그런데 좋은 먹이를 가득 주었으나 큰 거북이는 그냥 바다로 떠나가려 한다. 동물의 귀소(歸巢) 본능 때문이다.

"서쪽 비탈의 길목에 돌무지가 나타나요. 옛날에 거북이를 백두산에 머물게 하느라고 부족의 무당들이 의도적으로 세운 석탑이지요."

거북이는 귀향길이 막히자 눈물을 하염없이 흘린다. 눈물은 천지에 넘쳐 강 승사하(乘槎河)에 흐르고 또 벼랑에 폭포로 떨어져 내렸다. 거북이의 슬픔은 종국적으로 인간에게 서러움을 안겨준다. 그리하여 백두산 주변의 부족은 늘 불안하며 정복과 이산 심지어 멸족의 위험을 감수해야 한다.

거북이를 안고 다독여 슬픔을 달래려고 했던가. 눈 가녘의 천활봉(天豁峰) 기슭에 느닷없이 웬 절이 나타난다. 눈물의 승사하(乘槎河)가 사품을 치며 절의 앞마당을 흘러 지난다.

천지의 사찰은 신학자 신경준(申景濬, 1712~1782)이 작성한 옛 지도에 의해 조선시대에 벌써 명확하게 표기되어 있다. 그런데 수도를 하던 도승은 결국 천활봉의 암벽에 석불로 굳어졌다고 한다. 중국 연변조선족자치주의 안도현 일대에서 널리 구전하는 신화 같은 이야기이다.

"여기는 기가 아주 강한데요. 사람에게는 본디부터 집을 짓고 살 수 있는 곳이 아니었지요."

절터를 보면 풍수를 안다. 아니, 풍수를 알면 절터를 본다.

김씨 가족의 구전에 따르면 절은 벌써 단군시대에 있었다. 부족의 법사인 팔괘 성군(聖君)은 천지의 이 도장에서 수련하면서 단약을 조제했다는 것이다. 승사(乘槎)는 뗏목을 탄다는 의미이니, 팔괘 성군이 이곳에서 뗏목을 타고 천계에 오르려고 했던가. 진짜 이곳에는 연변 지역 4대 천문(신단)의 하나가 위치한다. 참고로 대륙에는 이런 천문(신단)이 도합 50여 개가 분포한다.

1935년 천활봉 기슭에 있었던 팔괘묘.

천지(天地)의 도를 닦고자 천지(天池)를 찾는 수련자는 한 사람만 아니었다. 1928년경 누군가 또 천지에 올라가서 기어이 사찰을 중수(重修)했던 것이다. 3중팔각 형식의 99칸이었는데, 사진 자료에 따르면 이 사찰은 적어도 1935년까지 실존하고 있었다. 모양새가 팔각형이고 또 팔괘를 모방하여 지었기 때문에 항간에서는 팔괘묘라고 불렸다.

그 후 사찰의 이름은 구두로 전하면서 긴가만가 헷갈렸다. 일부 사람은 존덕사(尊德寺), 숭덕사(崇德寺), 송덕사(宋德寺)라고 주장했으며 또 일부 사람은 종덕사(宗德寺)라는 이름이라고 고집했다. 그러다가 현지의 문물 전문인원에 의해 철종(鐵鐘)의 글자 조각이 발견되면서 사찰의 이름은 최종적으로 '종덕사'인 것으로 판명되었다.

사찰의 주인은 신분과 행적이 지금까지 확실하게 알려지지 않는다. 그러나 백두산의 험한 산중에 들어가서 하필이면 옛 사찰을 재건한데는 필경은 단군시대 팔괘 성군의 수행과 그 무슨 연줄로 이어지고 있는 것이다.

전설은 결코 사라지지 않는다. 유적, 유물, 유전으로 물려준다. 종덕사와 신분불명의 주지(住持)가 그러하고 천부인과 김씨 가족의 전승인 김성찬이 바로 그러하다.

태고의 신령스런 흔적은 그냥 여기저기 살아있다.

1절

만년 너머 저쪽의 혼과 빛

약 2만 년 전의 석기시대의 몸돌(석핵, 石核)이 불쑥 나타났다. 현지의 어느 기석 수집가에 의해 백두산 기슭의 화룡(和龍) 일대에서 우연히 발견된 것이다. 몸돌은 높이가 반 미터 남짓하고 무게가 서른 근을 넘는다. 또 인공 박리(剝離)의 조각 흔적이 한두 개에 그치지 않는다. 원석 가공은 최소 14단계의 작업절차를 밟은 것으로 보인다.

그야말로 세상에 보기 드문 초대형의 정교한 몸돌이었다.

고고학 전문가들은 다들 경탄을 금치 못했다. "이건 구석기시대 흑요석 가공 기술의 최고의 작품입니다. 국보이지요."

구석기시대의 유적은 백두산 지역에 널리 산재한다. 지난 1990년대 초부터 중국 고고학 조사요원들은 이 지역에서 구석기 시대의 유적을 30여 점이나 발견했다. 와중에 흑요석을 주원료로 삼은 구석기시대 말기 유적은 백두산의 천지를 둘러싸고 집중적으로 분포되었다. 이런 유적은 다 구석기시대의 후기인 약 2만 년 전의 것으로 추정되고 있다.

마지막 빙하기의 시작을 기준으로 한다면 대략 10만 년 전까지의 석기작업을

백두산 지역의 화룡에서 발견
된 흑요석의 이 기물은 발견
된 후 아직 완공되지 않은 반
제품이다.

구석기시대의 전기라고 잠정 구분할 수 있다. 후기에는 고도의 박리(剝離) 기술을 적용할 수 있는 석재를 선호하며 작고 정교한 돌날 작업이 나타난다. 이 시기가 대체로 2만 년 전이며 이런 돌날은 크기가 작아서 나무 등 기구에 끼워서 제작하는 것이 보편적이라고 『한민족문화대백과사전』은 주장한다. 이에 따르면 구석기시대의 정교한 석기 기법은 신석기 초까지 지속되었다는 것이다.

선사시대에 가장 멀리 이동, 사용된 흑요석은 백두산의 흑요석이었다.

백두산에는 약 1만 년 전에 흑요석 가공공장이 존재했다. 2007년, 고고학 학자들은 화룡 서쪽의 대동촌(大洞村)에서 구석기 유적을 발견한다. 흑요석을 원자재로 삼은 뗀석기 2만여 점이 지표에 널려있었다. 유적은 천지와 약 80㎞ 떨어진 두만강 상류의 평평한 언덕에 위치했다.

"출토된 석기의 가공 기법은 다양했습니다. 추격법(錐擊法)과 잡격법(砸擊法)이 있었고 또 가압법과 간접법이 있었습니다. 수직 가공이 위주였고 또 몸체 가공도 일정한 비례를 차지하고 있었습니다."

고고학자들은 흑요석 유적 발굴 보고서에 이렇게 밝힌다.

기석 수집가가 얼마 전 백두산에서 발견한 큰 몸돌은 기실 반제품이다. 완성품 석기는 몇 번 쓰면 버리게 되는 소모품이지만, 몸돌은 필요할 때마다 석편을 떼어내서 사용할 수 있었다. 석기로 쓸 조각을 떼어낼 질 좋은 몸돌은 원시인들에게 아주 중요한 물건이었다.

석기의 가공 기법을 김성찬은 어릴 때 할아버지에게 특별히 배운 적 있다.

김씨 가족은 상고시대의 늑대부족에 시원을 두고 있다. 늑대부족의 일맥인 흑랑종족(黑狼)은 신라 때 왕의 성씨인 경주 김씨를 이룬다. 경주 김씨의 세거지 경주의 진산(鎭山)이 낭산(狼山)이고 또 경주의 왕릉에서 늑대 관식(冠飾)이 발굴된 것은 우연하지 않다. 늑대부족의 시조 낭황(狼皇)은 약 1만 2, 3천 년 전의 인물인 것으로 김씨 가족에 전하고 있다. 이때는 마침 그들에게 씨족 사회가 형성되고 신앙이 탄생한 시점이기도 한다. 또 지질학적으로 제4빙하기가 막 끝나고 신석기시대가 바야흐로 시작되고 있었다.

칼이나 창, 화살촉은 석기시대에는 아주 대단한 무기였다. 인간의 힘과 재능을 최대한 발휘하여 사냥이나 전투에서 큰 위력을 낼 수 있었다. 큰칼(大刀, 대도)은 더구나 그러하다. 몸돌은 이런 칼을 제작, 가공하기 위한 중간 자재이다.

김성찬은 종이 위에 그림을 그리고 큰칼의 칼날과 칼 몸체의 제조 요령을 설명했다.

사실상 늑대부족은 큰칼을 만들던 그 무렵에 이미 시초의 원시적인 구석기 제작에서 탈피했으며 토기나 간석기 등 신석기를 일상으로 사용하고 있었다. 뒷이야기이지만, 늑대부족이 이때 사용하던 간단한 부호문자는 토기로 구워지거나 짐승가죽에 새겨져 전승되었다. 물론 유산의 이런 보존과 전승은 족장의 직계 후손 전승인에게만 이어졌다.

"먼저 흑요석의 몸돌을 날카로운 조각으로 쪼개요."

"돌조각을 균일한 크기로 알맞게 다듬어요. 칼날 부분을 갈고 닦아요."

"이번에는 손잡이가 달린 큰 나무칼을 만듭니다. 나무칼의 칼날 부분을 길게 쪼갭니다."

"돌날들을 'ㄷ'자 모양으로 나무의 쯤에 촘촘히 끼워 넣습니다. 칼과 나무의 이음새에는 뜨거운 송진을 넣고 칼과 칼 사이에 삼끈을 넣어 나무칼을 꽁꽁 동여매요."

"칼날은 일단식(一段式)이나 이단식(二段式)이 아니고 다단식입니다. 그리고 큰칼은 손잡이가 달립니다."

"옛날에는 이런 큰칼을 일인(日仞)이라고 불렀다고 합니다. 길 인(仞)이니, 손을 더 길게 연장하는 쟁기나 칼 등 무기라는 의미를 가진대요.

"크기가 8자 8촌이 되는 큰칼이라고 해요."

"할아버지는 흑요석의 돌날로 손수 큰칼을 만드셨어요."

"나무에 수탉을 달아놓고 큰칼로 내리치셨는데요. 수탉은 단칼에 반 토막으로 잘렸습니다."

어느 날 김성찬은 흑요석 원석을 얻어 큰칼 일인의 제작을 시도했다. 화산 용암이 흘렀던 백두산 지역은 원체 흑요석이 많이 나는 고장이다. 김성찬은 화룡 일대에서 흑요석을 쉽게 얻을 수 있었다.

"단단한 돌을 찾아요. 자르고 깎고 긁을 조각칼로 사용합니다. 원석을 깨고 잘라서 얇은 편 모양으로 조각을 내는 거지요."

김성찬은 흑요석 원석을 돌덩어리로 망치처럼 내리쳤다. 금세 까만 원석 조각이 얇게 부서져서 땅에 여기저기 흩어졌다.

흑요석은 유리질의 균일한 석질이다. 제작자가 생각대로 떼어내는 게 가능하다. 이에 따라 날카롭고 예리한 도구로 사용하는데 가장 좋은 장점이 있다. 석기시대에 흑요석이 널리 사용되고 애용된 원인이다. 그러나 원석을 쪼개서 종이처럼 얇은 조각을 떼어내는 것은 말처럼 그렇게 쉽지 않다.

"흑요석 칼을 만드는데 경력과 경험이 있어야 한다는 걸 뼈로 느낍니다.

"옛날 부족에는 전문 기술자가 있다고 해요. 좋은 칼날을 만드는 기술은 6년 경력이 필요 된다고 할아버지가 말씀하시던데요."

"옛날에는 돌촉도 부족의 이런 전문인이 따로 제조했답니다."

흑요석의 돌날은 만들기도 힘들지만 또 쉽게 망가진다. 큰칼 일인의 주인은 싸움이나 사냥을 나갈 때면 몸돌이나 돌날을 수행하는 노복에게 맡겨 보관했으며 수시로 킬의 돌날을 바꿀 수 있게 했다.

돌날 작업은 대륙의 북부 지역과 반도, 연해주, 일본열도에 연속되고 있다. 그러나 황하 남쪽 지역에는 거의 보이지 않는다. 실제로 순(舜) 임금 때 벌써 대륙에 이름났던 돌촉도 대륙 북방에서 산출된 것이다. 유우(有虞, 순 임금) 씨 25년에 "식신(息愼) 씨가 와서 활을 바쳤다"고 『죽서기년(竹書紀年)』이 서술하고 있다. 이때 화살대는 북방의 특산인 길목(桔木)이었으며 돌촉은 백두산의 흑요석으로 모양이 여러 가지였다.

선사시대의 상당수의 유물은 후세에 잘 알려지지 않고 있다. 유물 몸체의 일부인 나무 등이 부식되어 없어졌거나 유물 자체가 다 유실되었다. 그보다 전란, 전염병 등으로 부족이 이주, 소실, 멸망되면서 계통적인 전승, 유전이 불가능하게 만들었다. 종국적으로 문화의 실전을 낳았고 단층이 생기게 했다.

흑랑종족은 궁극적으로 경주 김씨로 이어졌다. 족장은 또 전승인에게 가족의 유산을 물려줬다. 부족의 옛 기억은 천년을 흐르도록 대대로 유전, 전승될 수 있었다. 다단식의 큰칼이 그러하고 또 흑요석의 법기가 그러하다.

"큰칼 일인은 거의 족장의 전용물이었다고 합니다. 법기도 마찬가지였어요."

김씨 가족에 간직된 옛 기억은 부족시대 고화(古畵)의 잃어진 퍼즐을 찾아 맞

부족시대의 김씨 가족 선조가 사용하던 법기의 모양.
흑요석과 녹각, 삼끈의 합성품이다.

추고 있다.

흑랑종족 족장은 또 늑대부족의 큰무당이었다. 늑대부족의 큰무당은 시초에
는 성사(星師)라고 불렸고 단군시대부터는 '월사(月師)'라고 지칭되었다. 김성찬
의 할아버지는 제183대 월사이다.

그러고 보면 부족의 만년 기록은 김씨 가족의 흥망 과정이고 민족의 변천 역
사인 것이다.

늑대부족의 법기는 석기시대에 벌써 등장하였다. 말인(韈凶)은 흑요석의 돌칼
과 사슴뿔의 자루 합체이다. 말(韈)은 돌칼의 위쪽 부분의 칼날을 이르는데, 죄인
을 처결하거나 벌을 줄 때 사용되며 인(凶)은 돌칼의 한쪽 뾰족한 모서리를 이르

는데, 탯줄을 끊거나 산모의 복부를 절개하여 분만할 때 사용된다. 자루의 사슴뿔은 도(韜, 길짐)라고 부르는데, 사슴뿔의 뾰족한 끝머리는 특정 부위를 송곳처럼 찔러서 영혼을 주입하거나 방출하는 등 인간의 재생과 환생에 사용된다.

"인간이 재생하고 환생할 수 있다는데요. 다시 현세에 서로 만날 수 있다면 얼마나 좋을까요."

하긴 정말 아쉽다. 할아버지는 거의 100세 나이에 세상을 떴다. 김성찬이가 8살 나던 해라고 한다. 김성찬은 오늘도 조부이자 사부(師父)인 그이를 다시 만나고 싶단다. 다시 얼굴을 보고 목소리를 듣고 가르침을 받고 싶단다. 구결(口訣)을 잘못 외워서 또 회초리를 맞더라도 열 번이고 달갑겠단다.

"세상사는 40년을 한 주기로 일변(一變)이 일어난다고 합니다." 김성찬은 가족에 전하는 잠언을 암송하듯 이렇게 말했다.

"40년 만에 작은 변란이 생기고 80년 만에 중간 변란이 있게 된다고 해요. 그리고 120년만의 큰 변란이 나타난다고 합니다. 시기마다 앞뒤로 몇 년의 차이가 약간씩 있을 수 있는데요, 120년의 큰 주기의 시기는 110년 내지 130년으로 잡습니다. 아무튼 이맘때마다 하늘에는 크고 작은 변화의 징후가 미리 일어난다고 해요."

위에 하늘이 있고 아래에 땅이 있으며 가운데 인간이 있다. 위에는 하늘의 길이 있고 아래에는 땅의 길이 있으며 그 가운데 사람의 길이 있다. 천지인(天地人) 즉 하늘과 땅, 사람은 결국 만물을 이룬다. 서로 호흡이 통한다. 하나가 세 개이고 또 세 개가 하나이다.

우주의 변화를 보면 천하의 대세를 헤아리고 인간의 길흉을 알 수 있다.

부족의 족장인즉 무당이고 또 점성가이다. 그들은 일월성신의 자리와 나타나

2020년 2월 코로나 사태 발발에 즈음하여 하늘에 나타난 '달 속의 달'.

는 현상을 살펴 하늘의 변화를 느끼며 미리 국운과 부족(가족)의 대세 그리고 인간의 화와 복을 읽어낸다.

점성가의 선견지명은 나중에 점을 통해 밖으로 다다소소 드러난다.

일법통(一法通)이면 만법개통(萬法皆通)라고 했다. 하나를 알면 열을 모두 알 수 있는 것이다. 작은 세상을 보아야 큰 세상을 알 수 있고 큰 세상을 보면 작은 세상이 쉽게 알린다.

그러나 일법(一法)을 배우고 안다고 해서 만법(萬法)을 다 통할 수 있는 건 아니다. 그리고 40년의 작은 세상을 보고 안다고 해서 곧바로 120년의 큰 세상을 다 깨칠 수 있게 되는 건 아니다.

애벌레는 나방에서 탈바꿈을 해야 나비가 되어 날갯짓을 한다.

"안다고 해서 다 볼 수 있는 건 아니고 볼 수 있다고 해서 다 깨치는 건 아닙니다. 공부를 하더라도 어느 정도의 연륜을 갖춰야 알 수 있고 볼 수 있어요. 그래서 '아는 만큼 보이고 보이는 만큼 안다'고 말하는 겁니다."

또 하나 있다. 김씨 가족의 일부 술법이나 유물은 전승인이 28살 나이가 되어야 알려준다. 화방에서 비로소 꽃이 지고 열매가 맺히는 순간을 고대 기다리는 것이다. 이 28살은 하늘의 별자리 28수에 따른 나이이다. 기왕 말이 나왔으니 망정이지 김씨 가족의 돌림자는 다름이 아닌 이 28수의 옛 이름에서 따온 글이다.

할아버지는 작고하기 전에 손자에게 전승할 일부 유물을 맏아들에게 부탁했다. 맏아들이 중개자, 보관자가 되어 시기가 되면 그가 할아버지를 대신하여 가족의 마지막 전승물(傳承物)을 전승인인 조카에게 전수하라는 것이다.

김성찬은 한숨을 길게 내쉰다. "그런데요, 큰아버지는 제가 28살 나던 해 갑자기 중풍에 걸린 겁니다…"

이때 큰아버지는 땅을 쳤고 눈물을 흘렸다. 큰 병을 앓으면서 더는 복기(復棋)가 힘들었다. 머릿속의 옛 기억이 띄엄띄엄 끊어졌던 것이다. 그는 세상 저쪽의 빛을 잡고자 끝 모를 어둔 터널을 전신의 힘으로 걸었다.

삶을 느끼니 죽음이 더 가까워졌다. 그런데 병마는 삶의 그 끝으로 걸음을 더 재촉하고 있었다. 눈을 뜨면 하루가 급했고 한시가 급했다.

"큰아버지는요, 기억이 떠오르면 곧바로 저에게 전화를 해왔습니다."

전화벨 소리는 시도 때도 없이 김성찬에게 울렸다. 밥을 먹다가 숟가락을 내려놓았고 답사하다가 길가에 걸터앉았으며 오밤중에 꿈속에서 깨어났다.

그래도 전화가 못내 기다려졌다. 그것은 옛 기억의 소중한 마지막 퍼즐이었다.

아니, 전화가 무척 두려웠다. 그것은 큰아버지가 사망했다는 마지막 기별일 수 있었다.

김씨 가족의 전승의 판국은 그토록 어렵게 재연(再演)되었다. 만년의 옛 바둑판은 그나마 전모(全貌)를 가까스로 그린 것이다.

2절

❖❖❖❖❖

사냥꾼과 신단 그리고 미스터리의 부족

산은 옛 성터가 있다고 해서 성자산(城子山)이라고 불렸다. 훗날에는 산기슭에 있는 촌락의 이름을 따서 마반촌(磨盤村) 산성이라고 개명되었다.

선인(先人)들이 살던 옛 흔적은 산성 곳곳에 남아있다. 산등성이를 따른 성벽, 산기슭에 있는 궁실, 골짜기의 곡물창고… 그리고 돌절구나 벽돌, 화살촉 등속은 물론 희귀한 구리거울과 도장도 발견된다. 2006년, 중국 국무원은 이 유적을 전국 중점문물보호단위로 확정했다.

이때부터 성자산은 바로 서쪽에 있는 연변조선족자치주의 수부 연길(延吉)과 더불어 세상의 주목을 받는 지명으로 부상했다.

"산성의 유적은 전후 두 시기의 문화 유적으로 구성되었습니다." 길림성 고고학연구소는 여러 해의 발굴 작업을 진행한 후 이런 결론을 내렸다.

"조기(早期)의 유적은 7, 8세기의 것입니다. 대조영(大祚榮)이 그 무리를 데리고 '계루(桂樓)의 옛 땅에 들어가서 동모산(東牟山)에 성을 쌓고 살았다'는 발해의 '입국지성(立國之城)'과 연관될 가능성이 있습니다. 후기의 유적은 분명히 동하국(東夏國)의 사실상의 수도인 남경(南京)의 유적입니다."

연길 동쪽의 성자산. 산정의 푸른 점이 신단 자리고 그 아래의 중간 검은점은 신당과 왕릉 자리이다. 바로 아래의 푸른 점은 제단 자리고 붉은 점은 서민들의 주거 자리이다. 오른쪽 노란 점은 산정의 늪 자리로 수신에게 제를 지내던 자리이다.

뭐니 뭐니 해도 성자산은 배산임수(背山臨水)의 지형이 잘 갖춰진 곳이다. 사신(四神) 즉 좌청룡, 우백호, 전주작, 후현무가 분명하여 좋은 명당의 형국이다. 말발굽 모양의 산으로 중간에 넓고 큰 평탄지를 품고 있다. 서쪽의 연길 방향에서 흘러온 부르하통강(布爾哈通河)이 산 남쪽과 동쪽, 북쪽을 감돌아 흐르며 해란강(海蘭江)이 동남쪽에서 흘러와 산기슭에서 부르하통강과 합류한다. 부르하통강은 만주족어로 "버드나무가 많은 강"이라는 뜻으로 백두산에서 발원해서 안도(安圖), 연길(延吉), 도문(圖們)을 흘러 지나는 400여 km의 강이다.

그건 그렇다 치고, 고구려 때부터 성자산 산성은 일반 산성이 아니었다. 산성의 비탈과 평지에는 고구려의 무늬라고 일컫는 그물무늬의 붉은 기와 조각을 늘 발견할 수 있다. 『구당서(舊唐書)』의 기재에 따르면 고려(고구려)는 "주거가 산골짜기에 의거하는 초가이며 다만 사찰, 신당, 그리고 왕궁, 관아만 기와를 사용한다." 그리고 산성 동남쪽에 하룡(河龍) 고성이 축조되어 있는데, 평지성과 산성이 짝을 이뤄 쌍둥이 성곽으로 나란히 있는 것은 고구려의 중점 요새의 특징이기도 한다. 또 성자산 산성이 자리한 산줄기의 서쪽 끄트머리에 고구려 성곽인 흥안(興安) 고성이 있으며 하룡 고성과 더불어 성자산 산성에 동서로 수비진을 치고 있다.

성자산 산성은 하룡 고성에서 산중의 옛길을 통해 동쪽으로 반도 북부에 통하며 흥안 고성을 지나 서쪽으로 성 소재지 장춘(長春)에 이른다. 성자산 산성은 연길 일대의 평원에서 교통 중심지와 요충지이었다. 그리하여 행정적 치소의 기능을 갖는 등 전략적 가치가 아주 높았던 것으로 평가되고 있다.

성자산 서남쪽의 강 건너 산에는 또 3천 년 전의 절 자리가 있다. 절이 있는 골짜기는 마침 성자산의 최고봉과 일직선 위에 놓인다. 풍수설에 따르면 성자산의 기를 받을 수 있는 명당이다. 그런데 명당이 뜻하지 않게 도둑을 불렀다. 몇 년 전, 누군가 기도터를 찾아와 주춧돌이며 기와, 무늬가 잇는 나무 등 옛 기물을 말끔히 훔쳐갔던 것이다. 그러든 말든 지금도 적지 않은 무당들이 이 폐허의 골짜기를 자주 찾아와서 기도, 수련하고 있다.

그보다 성자산 산성에는 중심 성곽이 아니면 보기 힘든 오방 제단이 있다. 신단을 중앙에 위시하여 전후좌우에 제단을 세웠는데, 이처럼 높은 급별의 제단은 연변지역 여타의 성곽에는 나타나지 않는다. 신단은 나라에 큰 일이 일어났을 때 부족장이나 국왕이 천신제(天神祭)나 기원제(祈願祭)를 올리던 제단이다.

그렇지 않더라도 일각에서는 성자산 산성을 고구려의 책성(柵城)이라고 비정하고 있다. 책성은 북옥저의 중심지역에 있던 고구려의 중심 성곽이었다. 『삼국사기』에 따르면 "(재위) 46년(서기 98년) 봄 3월, 임금(태조대왕)은 동쪽 책성에 가던 도중 책성 서쪽의 계산(罽山)에 이르러 흰 사슴을 잡았다. (이때 연길의 첫 시명이 남황-南荒-수렵지라는데 주목하자. 저자 주) 책성에 이르자 왕은 여러 신하들에게 잔치를 베풀어 술을 마시고 책성을 지키는 관리들에게 물품을 차등으로 두어 하사하였다. 나중에 임금은 그들의 공적을 바위에 새기고 돌아왔다. 겨울 10월, 임금이 책성에서 돌아왔다." 또 임금은 "(재위) 50년(서기 102년) 가을 8월, 사신을 보내 책성의 백성들을 안심시키고 위로하였다." 고구려의 태조대왕이 책성 지역을 아주 중시했다는 것을 짐작할 수 있다.

성자산의 신단은 김성찬의 가족이 전승하고 이야기이다. 이처럼 성자산의 산골짜기에는 많은 비사가 숨겨져 있다.

"이 산성은 참으로 기이합니다. 사냥꾼 오리온의 별자리를 닮았어요. 머리랑 허리띠랑 다리랑 생김새가 다 비슷해서 소름이 끼칠 정도입니다."

정말로 하늘의 오리온자리가 새처럼 깃을 접고 성자산에 내려앉은 듯하다. 성자산으로 들어가는 남북의 두 산 어구를 통해 서북쪽과 서남쪽의 산정으로 향하는 산골짜기, 산등성이, 산마루는 붕어빵처럼 하늘의 오리온을 땅위에 그려서 구워내고

오리온자리, 거인 사냥꾼의 머리 부분에 자리한 별은 오리온자리의 천문이며 성자산의 신단 위치에 대응한다.

있다.

그러고 보면 성자산 산성은 풍수설에 나오는 그런 명당일 뿐만 아니었다.

기실 두만강 기슭의 일광산(日光山)도 사신(四神) 형국의 산세를 이룬 곳이다. 그러나 일광산에는 천계의 천문(天門) 하나에 대응하는 곳만 있으며 어느 별자리의 전체에는 대응하지 않는다. 성자산에는 옛 도읍이 있었지만 일광산에는 고성(古城)이라곤 없는 원인이기도 한다.

고대 점성술에 따르면 별자리에 대응하는 특정 위치에 제단을 세운다. 성자산 산정에는 일반 제단이 아닌 신단(神壇)이 있단다. 오리온자리의 머리 위치에 천문이 있는데, 성자산 산정의 제단은 바로 이 천문에 대응한다는 것이다.

김씨 가족의 점성술은 약 1만 년 전의 석기시대부터 시작되었다. 그때 부족장이자 전승인이었던 선조는 성사(星師)라고 불렸던 것이다. 성사는 부족 시조 낭황(狼皇)에게 점성술을 전수받았다고 전한다. 낭황 역시 곰부족이 천신 환웅을 신전에 모셨듯 늑대부족이 공양을 올린 하늘의 신령이다.

점성술은 문명 역사와 더불어 오래되며 이에 의거한 역법과 제도, 제사 체계는 가장 오래된 문명을 구성한다. 점성술의 전파는 그대로 문명과 역사의 전파였다.

성자산에 어서 빨리 오르고 싶었다. 그런데 성자산 산성의 유적 답사에 나선 것은 분명히 우리 일행만 아니었다. 서남쪽 산등성이의 나무에 누군가 칼로 일부러 홈을 내어 길 표식을 하고 있었다. 산정에는 또 오방기(五方旗)가 나무에 걸려 가랑잎처럼 바람에 흐느적이고 있었다. 어떤 사람이 이곳을 성지(聖地)로 찾아가 참배하고 제례를 올리고 있는 것이다.

오방기는 동, 서, 남, 북, 중앙의 방위를 지키는 신장(神將)으로 다섯 방위의 신장을 상징하는 다섯 가지 색깔의 깃발을 뜻한다. 오방기를 두고 무당이나 도교, 불교는 서로 다른 해석이 있다. 그러나 오방신이 다섯 방위를 관장하는 신이라는 데는 큰 차이가 없는 듯하다. 암튼 무당이든 신도이든 모두 성자산의 이곳을 지목하여 찾았던 것이다.

"어, 신단은 이 산정의 바로 아래쪽에 있는데…"

'혹여나' 하고 가슴이 덜컹 내려앉았다. 일행은 걸음을 재촉하여 급급히 산꼭대기를 내렸다. 언덕 위의 낙엽 속에서 무덤처럼 봉긋하게 솟아오른 두 제단이 금방 시선에 떠올랐다. 이 제단의 연장선에 또 하나의 제단이 어렴풋이 나타나고 있었다. 다만 일부러 심은 것처럼 큰 나무가 제단에 뿌리를 박고 자라면서 제단의 모양을 감추고 있었을 뿐이다.

김성찬은 이게 오방 제단의 일부라고 일행에게 알려주었다.

"중간의 제단이 신단인데요, 이걸 구달(句達)이라고 부릅니다. 그리고 또 전후 좌우에 다른 제단을 빙 두르고 있는 거지요. 앞쪽의 제단은 고능(高陵)이라고 말하고 나무가 자란 뒤쪽의 제단은 명당(名堂)이라고 부릅니다. 그리고 신단의 좌우 양쪽에 있는 제단은 이실(耳室)이라고 말합니다."

오방 제단은 동서와 남북 방향으로 열십자(열十字)를 형성, 오성(五星) 제단 혹은 오황(五皇) 제단이라고 부르기도 한다. 중간의 신단을 제외한 네 제단은 각기 똑 바른 동서남북 방향에 자리한다.

도굴된 신단, 전후로 다른 제단의 흔적이 있다.

신단에 제물을 올릴 때 앞의 제단 명당은 상석(床石) 격으로 된다. 좌우 양쪽의 이실은 동남동녀가 각기 수련을 하는 노대(露臺)이다. 노대의 대부분은 땅에 갈아 앉았기 때문에 현재로선 신단과 고능, 명당만 육안으로 확인할 수 있다. 말이 오방 제단이지 고단수의 전문가가 아니라면 천년의 풍상세월을 겪은 후 이미 땅에 갈아 앉은 다섯 노대를 일일이 찾기 힘들다.

산등성이에 찍혔던 근심은 끝끝내 일행의 가슴에 큰 구덩이를 뚫고 있었다.

신단과 명당 두 제단은 무릎을 넘도록 움푹하게 파들어 있었다. 김성찬은 구덩이 흔적으로 미루어 이곳은 몇 년 전에 벌써 발굴되었다고 말한다. 이런저런 정황으로 미루어 짐작할 때 십중팔구는 전문 도굴꾼의 소행이라는 것이었다.

"도굴을 일삼는 종족이 있어요. 이런 사람들을 '두더지'라고 부릅니다. 옛날에는 종족 표식이 있었는데요. 손목에 당나귀 발굽의 문신을 새겼다고 합니다. 이들은 전문 왕족의 무덤이나 제단을 찾아서 파헤칩니다. 부족이나 왕족 시대에는 무덤을 땅에 깊숙이 숨겼기 때문에 웬만한 사람들은 도저히 발견할 수 없어요."

'두더지'는 천문과 지리에 밝은 지하세계의 기인(奇人)인 셈이다. 그들 역시 하늘의 별자리를 읽고 또 풍수를 볼 줄 아는 족속으로, 나침반 등을 이용하여 제단의 위치를 찾고 제기(祭器)와 제물을 훔친다. 실제로 고분은 언제나 고고학자들의 발굴에 앞서 '두더지'에 도굴된 경우가 대부분이다.

오방 제단의 아래쪽에 있는 신당(神堂)도 '두더지'에 의해 도굴된 지 이슥했다. 주변의 검은 땅과 달리 하얀 돌 모래가 멍석 크기의 무지를 이루고 있었다. 누군가 신당의 땅속까지 깊이 뚫고 파헤쳐서 내밀한 속살이 맨땅에 다 들어난 것이다.

신당은 신령을 모신 집으로 풍수설에 따르면 성자산 주봉의 산혈(山穴)에 속한다. 점성술에 따르면 여기는 사냥꾼 오리온의 단중(膻中) 즉 종기(宗氣)가 모이는 곳이다. 그런 억센 기운을 받은 탓일까, 여타의 비탈과는 달리 고목이 여러 대 자라고 있었다.

"신당은요, 특이한 곳이라서 소나무가 잘 자란다고 합니다."
"이런 소나무에는 세 가닥의 잎이 생긴다고 합니다."
아름드리의 고목은 소소리 높았다. 소나무에 정말로 세 가닥의 잎이 있는지를 오르지 않고서는 알 수 없었다.

분명한 것은 신당에 여러 시대의 유물이 적지 않게 보존된다는 것이다. 제사 의식이 끝난 후 제사상에 올랐던 제물을 다 이곳에 파묻는다. 유적지에는 늘 옥과 마노, 청동기, 철로 된 여러 가지 기물이 무더기로 발견된다. 그래서 '두더지'는 신당의 유물들을 노리고 기어이 땅을 파는 것이다.

성자산 오방 제단의 크기와 높이, 제단을 쌓아올린 모양과 흙의 색깔에 따르면 신단은 선후하여 두 번 큰제사를 올렸다.

"첫 큰제사는 약 1300년 전에 올렸고, 두 번째 큰제사는 약 800년 전에 올린 겁니다."

김성찬은 그가 판정한 제단의 제사 시일에는 상하 50년 정도의 오차가 생길 수 있다고 밝혔다. 이런 오차를 감안하더라도 제사 시일은 각각 고구려와 동하국의 멸망 시기와 맞먹는다. 고구려는 668년 당나라의 침공으로 멸망되며 동하국은 1233년 원나라에 의해 함락되었다. 그러고 보면 이 무렵 멸족의 위기에 처한 두 왕조는 산성에 각기 신단을 보수, 축조하고 하늘에 기원제를 올렸던 것이다.

명당에는 명소가 하나뿐이 아니었다. 성자산 입구를 막은 안산(案山)은 산중의 궁실을 바라고 다섯 잎을 활짝 피운 연꽃의 형국이다. 산과 물과 어우른 연꽃 명당을 바라보노라면 하늘의 기묘한 조화에 저도 몰래 감탄을 하게 된다. 더구나 성자산은 오리온자리와 대응하며 또 오방 제단의 신단이 있는 풍수의 길지가 아니던가.

김성찬은 연변의 명당을 일일이 답사하고 있는 그 자신도 성자산을 몹시 경이롭게 여긴다고 말한다.

"연꽃이나 백호, 청룡 형국의 이런 좋은 산들이 성자산에 한데 모인 것 같습니다."

"성자산 동쪽의 계림(鷄林) 부근에도 백호와 청룡이 있어요. 해란강은 이 백호와 청룡을 감돌고 흐르면서 땅위에 거대한 태극문양을 그리는 겁니다. 그런데 이 태극문양의 남쪽에도 또 연꽃 형국의 산이 펼쳐 있어요."

"연변에서 제일 좋은 음택(陰宅)은 바로 연꽃의 이 산에 있습니다. 정말 놀랍지만 누군가 벌써 이 산의 음택을 남몰래 써버렸던데요."

두만강에서 시작된 옛 길은 태극문양의 명당을 지나 이곳 성자산 기슭까지 이르고 있다. 천년의 이 고도(古道)는 옛날 반도와 대륙의 동부 지역을 오갔던 장사꾼(무역인)들의 통로였다고 전한다. 근·현대에는 또 밀수꾼들이 두만강을 넘나들며 사람들의 눈길을 피했던 비밀스런 길로 되었다는 것이다.

김씨 가족에 전하는 비지(秘地)의 이야기이다.

7, 8년 전, 김성찬은 가족에 기록되어 있는 산중의 옛 길과 태극문양을 찾았다. 청룡과 백호가 해란강을 사이에 두고 당금이라도 으르렁거릴 듯 서로 웅크

성자산 동남쪽에 태극모양을 이룬 해란강과 산, 두 산은 각기 청룡과 백호이며, 남쪽 멀리에 또 연꽃형국의 큰산이 누워있다.

리고 있었다. 청룡의 잔등에 있는 혈(穴)에는 또 3천여 년 전의 제사장(祭司場)이 있었다. 이 제단은 제사를 올리는 사람의 재물운 등 운수가 청룡의 기운을 타서 솟아오르라는 의미를 담는다고 한다.

"참, 그리고 보니 성자산에는 또 대게의 좋은 풍수가 있습니다. 대게가 먹이를 집게로 집고 끌어당겨 입에 넣으려는 형국인데요. 이건 아주 희귀한 풍수지리입니다. 부가 시작되는 거지요. 재물을 모으고 끌어들이는 명당입니다."

뭐 눈에는 뭐가 보인다. 이날 김성찬은 제사장 근처에서 당나라 시대의 '개원통보(開元通寶) 등 여러 조대의 동전을 줍는다. 장사꾼이든 밀수꾼이든 오랜 세월을 거쳐 이 제사장을 자주 다녀갔던 것이다.

집게로 먹이를 집어서 입에 넣는 성자산의 대게 형국, 명당의 묘혈은 이미 누군가에 의해 사용되었다.

천혜의 명당에는 좋은 기운이 들어오기 마련이다. 성자산에 오르던 날 우리도 좋은 인연을 만났다. 연잎의 한 가장자리에서 웬 땅기운이 연한 보라색의 빛으로 아물아물 피어오르고 있었던 것이다. 마치 누군가 하늘의 저쪽에 몸을 숨긴 채 입김으로 신기한 조화를 부리는 듯 했다. 방석 한 장 크기의 기묘한 그림은 이렇게 허공에 불쑥 드리우고 있었다.

—
고대 제사장 유적지에서 김성찬은 개원통보등 옛 동전을 줍는다.

풍수설에 따르면 보라색은 특이한 길지(吉地)에서 생기는 제일 상서로운 기운이다. 계절마다 크고 작거나 많고 적은 다름이 있고 시간의 흐름에 따라 위치가 움직일 수 있다. 보라색 기운이 솟는 자리의 아래에는 또 수맥이나 광맥이 있는 걸로 알려지고 있다.

그렇지 않더라도 보라색은 옛날부터 귀하고 좋은 것을 의미하는 색이었다. 전설에 따르면 노자(老子)가 함곡관(函谷關)을 지나기 전에 수문장 윤희(尹喜)는 보라색 기운이 동쪽으로부터 오는 걸 보고 성인이 바야흐로 관문을 지나게 된다는 것을 알았다고 한다. 과연 노자가 청우(靑牛)를 타고 금방 함곡관에 도착했다는 것이다. 그 후 노자는 함곡관 밖으로 가서 종적이 묘연해졌다. 관문을 나서기에 앞서 노자는 윤희에게 약 5,000자로 된 글을 전수하니 이 글이 바로 세상에 유명한 '도덕경(道德經)'이다. 이로부터 자기동래(紫氣東來)라는 명구가 생겼으니 다시 말해서 보라색이 동쪽으로부터 오니 상서로움이 강림하고 성현(聖賢)이 내림한다는 것이다.

성자산의 우거진 수림에 불어오는 서늘한 산바람을 타고 금세 연꽃의 향기를 맡을 듯 온몸이 상쾌하고 즐겁다.

"산신님이 산객(山客)에게 작정하고 큰 선물을 내리시나 봅니다. 상서(祥瑞)로운 이런 영기(靈氣)는 명당을 찾는다고 해서 만날 수 있는 게 아니거든요."

어찌했든 성자산의 첫 주인은 동하국의 여진인이 아니었으며 분명히 발해인이나 고구려인도 아니었다. 성자산은 하늘의 오리온자리를 그대로 닮은 풍수의 길지로, 주변에는 일찍부터 고대 인류의 활동이 별무리를 이루고 있었다.

연변 현지의 고고학연구소 조사에 따르면 고대의 문화 유적은 성자산 부근에서 무더기로 나타난다. 성자산 북쪽의 마반산(磨盤山) 산정에 홍갈색 토기가 발견되고 서쪽의 소영자(小營子)에 고대 석관 유적이 발굴되었다. 또 연변의 고대 장성이 구렁이처럼 성자산 북쪽의 옥지산(玉池山)까지 줄기차게 달려오고 있다.

장성은 옥지산의 산정에 이르러 부득불 걸음을 멈춘다. 부르하통강의 물줄기가 동쪽의 산기슭을 흘러 지나면서 산줄기를 막고 끊기 때문이다. 지맥(地脈)이 물길을 만나면 흐름을 멈추니 땅속을 흐르던 지기(地氣)는 이때 부르하통강을 만나 땅위로 용솟음(분출)을 하게 되며 따라서 이곳에는 명당의 혈(穴)자리가 만들어진다.

"이걸 용의 기운을 받게 되는 삼채영룡(三彩靈龍)의 형국이라고 합니다." 김성찬은 도굴 흔적을 보더니 뭐가 아쉬운지 연신 한숨을 내쉬었다.

"후대의 번성을 위한 묘혈이라서 껴묻거리(부장품, 副葬品)가 거의 없었을 건데요. '두더지'는 그래도 명당의 고분이라서 뭔가 있다고 여기고 그냥 땅을 판 것 같습니다. 그런데 왜 시신까지 파버렸는지 모르겠습니다."

학계에서 옛 초소자리로 주장하는 성자산 북쪽 산정의 유적,
실은 삼재영룡(三彩靈龍) 형국의 도인 무덤이며 이미 도굴된
상태이다.

웃지도 울지도 못할 일은 또 일어났다. 도굴 후 생겨난 구덩이를 두고 현지의
일부 고고학 학자들은 고분이 아닌 옛 초소자리라고 주장한 것이다. 그런데 웬
초소가 사람의 키 높이를 훨씬 넘어서서 땅속 3미터 깊이까지 내처 구덩이를 파
던가.

사실상 이 무덤 자리는 무당이나 도인들에게 진작 알려진 비밀이다. 성자산
자체가 성스러운 곳인 줄 알면서도 다들 옥지산을 피하고 있었다. 누군가 시신
을 묻은 음지로 수련장으로는 금기라는 것이다.

김성찬은 무덤 자리를 자세하게 설명했다.

"이런 묘혈은 아주 깊은데요, 사자(死者)를 눕히지 않고 세워서 넣기 때문입니
다. 배꼽을 중심으로 상하 하늘과 땅 그리고 인간의 삼재(三才)가 돼요."

"시신은 꼭 석관에 넣어 매장합니다. 시신에는 나중에 깃이 생겨 자라나요. 사
망자를 두고 하늘로 날아갔다, 신선이 되었다는 의미의 우화(羽化)라고 하는 말

은 이렇게 생긴 겁니다."

성자산에 살고 있던 시초의 사람들은 부엉이부족이라고 한다. 성자산의 옛 산성, 부근의 절과 명산 등과 더불어 김성찬의 가족에 전승되고 있는 이야기이다. 부엉이부족은 단군시대 멧돼지부족의 분파이다. 멧돼지부족은 좌계와 우계로 나뉘며 삼국시대에 각기 박씨와 정씨로 되는데, 이 성씨가 단군부족의 후세의 진실한 족명(族名)이다.

단군부족은 백두산에 진출한 후 끝끝내 연길에도 족적을 남겼던 것이다.

성자산 성 밖의 산기슭에는 부엉이부족의 동네가 여기저기 일떠섰다. 동네는 울타리처럼 산 밖을 두르고 산중에 있는 궁실과 창고 등을 지켰다. 부엉이부족은 또 우백호에 해당한 산의 자락에 따로 동네를 세워 여기에 불씨를 보관하고 지킨다. 생명 같은 불씨였다. '불'의 발견으로 비로소 문명의 역사가 시작되었던 것이다.

김씨 가족에 기록되고 대대로 전하고 있는 '천년의 신화'이다.

제3장

삼태성, 신이 살던 고향

신화 같은 이 이야기는 반도 계림의 나무 끝에 달린 금궤에서 시작된다. 경주 김씨의 시조 알지(閼智)가 이 금궤에서 태어났으며 금궤에서 유래하여 성을 김씨라고 했다고 『삼국사기(三國史記)』는 전하고 있기 때문이다. 『삼국사기』는 신라, 고구려, 백제 세 나라의 역사를 기전체로 적은 고려 때의 책이다.

그런데 경주 김씨의 시조는 분명히 삼국시대의 알지가 아니라고 한다.

가족의 전승인 김성찬은 족보의 첫 머리를 장식한 것은 태고시절에 하늘에서 강림한 천신이라고 거듭 말한다.

"우리 가족은 시조가 늑대(신)라고 합니다. 그때가 지금으로부터 약 1만 3천 년 전이라고 전하고 있어요."

김씨 가족사는 벌써 유사(有史) 이전의 석기시대부터 그들의 기록을 남기고 있었다. 그리고 보면 조선(한)민족의 역사는 결코 단군신화로 시작한 반만년이 아니다. 인류사에 유실된

—
김성찬의 가족에서 공봉하는 늑대 신.

옛날 옛적의 이 이야기에 자못 궁금하다.

우리의 최초의 조상은 도대체 누구인가? 그들은 또 어떻게 살았을까?

역사의 이 등산로에 들어서면서 잠깐 걸음을 멈추자. 김성찬이 밝힌 그들의 시조 등장 시간대는 너무나도 공교롭다. 이때는 지구상에서 마지막 빙하기가 바야흐로 끝나면서 현생 인류의 문명이 태동하고 있었다.

고대 선인(先人)들은 그들과 특별한 혈연관계가 있는 특정한 자연물이나 동식물, 조상 등을 숭배했다. 이 숭배는 신과 잇닿으며 신의 영혼을 싣고 기록한다. 사전적으로 신은 '불가사의한 능력을 갖고 있고 인류에게 화복(禍福)을 내린다고 하는 신령'이다. 사람들은 거개 신이라는 것은 그 무슨 자연현상을 의인화해서 부른 것이라고 믿으며 또 토템이나 조상 숭배에서 기인된 것이라고 말한다. 신의 숭배는 미신 즉 비과학적이고 근거가 없는 맹목적인 믿음이라는 것이다.

무속(巫俗)은 인류의 출현과 문명의 발생에 더불어 존재하였다. 무당은 신령과 인간을 중재하는 무속인이다. 고대인의 제례(祭禮)는 무속을 떠날 수 없다. 무속은 또 신령과 토템, 조상과 한데 이어지고 있다. 문명 역사와 더불어 오래되는 점성술에도 신과 토템이 나란히 등장한다.

반도의 삼국의 시조는 모두 신기한 일에서 탄생하고 있다. 그리하여 고려 때의 역사서 『삼국유사(三國遺事)』는 첫 머리를 「기이편(紀異篇)」으로 시작하는 것이다. 『삼국유사』는 이름 그대로 삼국의 잃어버렸거나 빠뜨린 것을 기록, 『삼국사기』에 배제되어 있는 신화와 전설, 민담, 신앙, 설화적 요소들을 담아낸 책이다. 「기이편」은 현존 최초로 국조(國祖) 단군을 기록하고 있다. 이에 따르면 단군은 천신 환웅이 잠시 사람으로 변하여 인간계의 곰부족 공주 웅녀와 혼인하여 낳은 아들이라는 것이다.

김씨 가족 역시 신령스런 늑대를 가족의 토템으로 삼아 존숭하고 공양한다.

"상고시대 우리 김씨 가족 옛 부족의 이름이 다름 아닌 늑대부족이었지요."

그때 그 시절 대륙에 또 멧돼지, 호랑이, 곰, 고래, 독수리, 오소리, 사슴 등 도합 8대 부족이 살고 있었다고 김씨 가족은 기록한다. 이런 짐승이 각기 8대 부족의 토템으로 되며 부족은 또 이 토템을 제단에 모시고 공양물을 올렸다.

늑대부족의 시조는 늑대임금(신)이라는 의미로 낭황(狼皇)이라고 존칭하고 있었다.

김씨 가족에 전하는데 따르면 낭황의 옛 고향은 삼태성의 오른쪽 근처에 있었단다. 낭황의 고향별은 물론이고 늑대신의 또 다른 족속이 살던 별도 삼태성의 근처에 있었다는 것이다. 삼태성은 오리온자리의 제일 중심의 위치이며 하늘의 거인 사냥꾼 오리온의 허리띠로 불린다.

"삼태성의 근처에 살고 있는 신족(神族)은 '삼태성인(三台星人)'이라고 하지요."

"시조 낭황이 살고 있던 별은 칭(財+⁄⁄⁄⁄, 財의 위와 아래에 각각 세 점의 변이 있는 회의자)이라고 부릅니다."

"낭황이 인간계에 강림한 후 미구에 자식 낭제(狼帝)가 뒤를 잇고 또 낭왕(狼王)이 늑대부족의 계보를 잇습니다."

낭왕은 낭제의 후손으로 신과 요귀, 인간 등 3개 계통의 혼원(混元)의 힘을 갖는다고 김씨 가족에 전한다. 늑대부족은 기

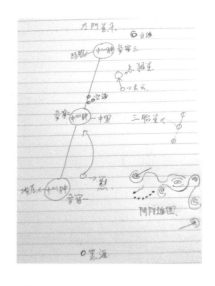

삼태성과 신족의 고향 별 그림.

실 신과 합친 '교잡의 종' 후예들이라는 얘기이다.

"낭황이 살던 고향별은요, 지금은 흑둔(黑遁, 블랙홀)에 거의 다 삼켜버린 상태입니다."

"삼태성의 위쪽 근처에 있는 별은 적랑성(赤狼星)이라고 부릅니다. 적랑성은 특이하게도 우리가 살고 있는 지구처럼 달이 있다고 하는데요, 이 달의 이름을 현운(玄云)이라고 부릅니다."

"적랑성은 낭황 고향별의 형제별인데요, 이 별에 살고 있는 족속도 늑대 신이라고 합니다. 이 늑대 신은 낭황의 족속과는 서로 적수이지요. '죽음의 신'이라고 합니다."

부지중 이집트의 피라미드 벽화에 나오는 늑대 신 아누비스(Anubis)가 상기된다. 아누비스는 이집트의 옛 문헌에 태양신의 아들이라고 기록되어 있다. 저승으로 향하는 문을 열어서 죽은 자를 인도하는 '영혼의 수호신'이라는 것이다.

실제로 적랑성에 살고 있던 늑대 신은 나중에 이집트에 나타났다고 김씨 가족사는 기록하고 있다. 그리고 별 칭에 있던 늑대 신은 중국 대륙뿐만 아니라 바다 건너 유카탄반도에도 등장했다는 것이다. 이집트의 신기한 고대문명이 그렇게 꽃펴나고 밀림속의 신비한 마야문명이 그렇게 번영한 것이다.

1절

<hr>

피라미드에 서식한 혈홍충(穴紅蟲)

천계의 천문과 통하는 신단은 이집트에도 있다. 바로 이집트의 상징인 피라미드이다. 피라미드는 각의 면이 동서남북으로 향한 각뿔 모양의 거대한 옛 건조물이다. '파라오가 하늘로 올라가기 위해 준비된 계단'이라는 의미를 띠고 있다.

상당수의 연구자들은 이 구조물인즉 '파라오의 방'을 감싼 지상의 거대한 석관이라고 주장하고 있다.

"석실을 돌로 쌓은 무덤입니다. 이집트의 옛 국왕인 파라오와 왕후의 능이지요."

그런데 대부분의 능은 '왕가의 계곡'에 나타나며 정작 거의 모든 피라미드에서는 파라오의 유골 등 인간의 시신이 발견되지 않는다는 사실에 모두 당혹한다.

어찌되었든 피라미드 자체는 시신 보관에 아주 적합한 건축물이라고 김성찬은 거듭 말한다. 어릴 때 할아버지가 벽돌로 작은 피라미드를 쌓고 거기에 실물을 넣어 직접 관찰하게 했다는 것이다.

"화강암으로 만든 피라미드의 효과가 제일 좋다고 합니다. 할아버지는 꼭지

점에 일부러 투명한 유리를 놓아 내부의 상태를 관찰할 수 있도록 했습니다.”

내부 공간의 공중에 여러 실험물을 넣었다. 과일과 채소는 한주일이 지나도록 그냥 신선도를 유지했다. 양서류의 개구리와 갑각류의 쥐며느리를 피라미드에 넣었는데, 몸을 동강 낸 후에도 한주일 지어 보름 정도 생존했다. 동물은 죽은 후 시일이 지나도록 부패하지 않았으며 원 모양을 그대로 보존했다. 나중에 미라 형태로 되었지만 다치면 방금 움직일 듯 그냥 말랑말랑했다.

피라미드를 지을 때 수의 국진(局陣, 배치)에 따라 3·6·9의 비율을 적용하였다. 면적, 높이, 변의 길이가 이 비율에 조금만 틀려도 실험물의 생존과 보존 상태에 천양지차를 나타냈다.

가만, 국진의 비율인 3·6·9의 숫자가 너무 특이하다. 전기시대의 천재 발명가 니콜라 테슬라(Nikola Tesla)가 바로 숫자 3·6·9는 우주의 최종 법칙이라고 말하지 않았던가. “3·6·9의 비밀을 깨친다면 우주로 통하는 열쇠를 알게 된다”는 것이다. 니콜라 테슬라는 세르비아계 미국인 과학자, 발명가로 현대 전기문명의 근간인 교류 전기 시스템과 무선통신, 테슬라코일 등을 발명하여 과학 및 기술 발전에 크게 기여한 인물이다.

아, 피라미드에는 정말로 우주의 제일 깊은 비밀이 숨겨 있던가.

과연 이상한 동물이 피라미드에 있다. 피라미드의 밀폐된 특별한 환경에는 여타의 곳에서는 볼 수 없는 혈홍충(穴紅蟲)이 서식한단다.

“할아버지가 말씀하시던데요. 혈홍충은 거머리의 모양으로 단홍색 동물이라고 합니다. 인간이 이 동물을 뒷덜미의 특정 부위에 넣으면 생명을 연장할 수 있다고 해요.”

진짜 신기한 일은 피라미드에 허다히 일어나고 있다.

이집트의 피라미드는 약 서기전 2600년 경 건축하기 시작, 종국적으로 나일강의 오른쪽 기슭에 수십여 기의 군체를 이뤘다. 이 가운데서 카프왕-쿠푸왕-멘카우라왕 셋의 피리미드가 제일 크며 또 제일 완정하게 보존되어 있다.

컴퓨터를 이용한 연구자들의 모의실험은 천상(天象)을 몇 천 년 전의 시간대로 회복했고, 이때 하늘의 오리온자리의 삼태성 배열이 땅 위의 이집트의 3대 피라미드 배열 구조와 똑 같다는 것을 발견했다. 나일강은 아프리카 대륙의 동북부를 흐르는 강인데, 하늘위의 은하수와 땅위의 나일강 위치 분포가 서로 대칭한다. 하늘과 땅 사이의 이런 대응 관계는 과연 우연한 일치일까…

이집트의 세개의 큰 피라미트는 삼태성에 대응한다.

"그보다 이 피라미드는 정말로 우리 현생 인류의 창조물일까요?" 인터뷰의 도중에 김성찬은 이렇게 반문했다.

제일 큰 쿠푸왕 피라미드는 탑신의 돌 사이에 점착물이 없지만 날카로운 칼날도 틈 사이에 밀어 넣을 수 없다. 탑신은 반만년 동안 좀치도 붕괴되지 않아 세계 건축사의 기적으로 불린다. 네 밑변의 차이가 20cm로 오차가 1/1000, 동남과 서북 변두리의 높이는 차이가 1.27cm로 오차가 1/10000이다. 피라미드의 네 면은 거의 완벽한 지구의 동서남북 방향과 맞추는데, 오차가 다만 0°0′12″에 지나지 않는다. 이것은 오늘날 하늘에 쏘아올린 인공위성도 이르기 힘든 수치이다. 또 하늘의 천랑성(天狼星)은 피라미드의 경위선을 가로지르는데, 마침 지구의 바다와 대륙을 대등한 두 쪽으로 나눈다.

피라미드의 기이한 운반 수단과 측량 수단, 정밀도에 사람들은 뉘라 없이 감탄을 떠나 경악을 금치 못하게 된다. 이런 기술과 수치는 벌써부터 현대사회를 초월하며 사람들의 흥미를 자아낸다. 일부 연구자들은 미스터리의 피라미드를 '신' 즉 외계인과 잇는다. 기상천외한 피리미드의 건축 능력은 인류가 아닌 '신'에게만 있다는 것이다.

실제로 피라미드 근처를 수호신처럼 웅크리고 있는 스핑크스는 인간의 머리를 한 사자의 날개가 달려있는 반인반수의 신물(神物)이다. 스핑크스라는 이 이름은 그리스 시대에 생겼지만 이런 형태를 한 괴물은 벌써 그보다 훨씬 이전에 생겼었다.

사실상 이런 형태의 건축물은 이집트만 아닌 세계의 여러 곳에서 다수 발견되었다. 바다 건너 멕시코의 마야 문명에도 피라미드가 등장한다. 지금의 메소아메리카에서 서기전 2000년부터 약 3,800년에 걸쳐 찬란한 문화의 꽃을 피웠던 문명이다. 한때는 대도시들이 연달아 등장했고 아름다운 피라미드와 사원, 석비들을 대규모로 건설하기도 했다. 미구에 피라미드를 발견한 토착인 아스텍(Aztec)인은 이것을 옛날에 거인이 만든 것이라고 믿고 신성시했던 것이다.

하긴 마야문명의 피라미드 자체가 큰 신전(神殿)이었다. 이집트의 피라미드와 달리 꼭대기를 평평하게 만들었는데, 이 꼭대기는 천신에게 제사를 위한 장소이었다. 와중에 세 개의 큰 피라미드는 하늘위의 삼태성 배열과 똑 같다는 것을 연구자들이 발견하였다. 이집트의 피라미드와 똑같은 현상이 나타난 것이다.

고대 이집트인들은 삼태성이 있는 오리온자리를 신들이 있는 천당의 소재지라고 믿었다. 실제로 단군신화에 나오는 환웅의 고향별은 바로 오리온자리에 있다. 일본 오키나와는 삼태성을 '쿠가니미치부시(クガニミチブシ)'라고 부르며 신이 사는 별로 여긴다.

중국의 도교에도 삼태성이 출현한다. 삼태성군(三台星君)은 위로는 자미(紫薇)를 지키고 가운데는 음양을 조화하며 만물을 다스리며 아래로는 여러 별의 신들을 받드니 별들의 으뜸이요, 근원이라는 것이다.

"삼태성이 큰 에너지의 장이라고 하잖아요? 이집트의 피라미드는 작은 에너지의 장이라고 합니다."

김씨 가족에 전하는데 따르면 피라미드는 에너지를 '집중'하고 '증폭'하는 집적소(集積所) 같은 장치의 석조물이다. 이런 에너지 장치를 통해 인간은 다른 별에 있는 신과 소통, 교류가 가능하다는 것이다.

피라미드는 또 화성에서도 나타나며 이때는 쿠푸왕 피라미드 보다 수십 배이상의 거대한 구조물로 되어 있다. 참고로 천부(天符) 삼인(三印)의 하나인 신음자(神音字)는 다름 아니라 화성의 신인(神人)들이 사용하던 문자라고 김성찬의 가족에 전하고 있다. 신음자는 단군시대 천신(天神) 환웅(桓雄)에 의해 천부인(天符印)이 전수되고 종국적으로 인간들이 사용하면서 지구체계의 일부로 되었던 것이다.

옛날 무당(샤먼, 법사)은 주로 북과 방울 등 기물의 음향과 인간 목소리의 진동을 이용하여 신과 소통을 이뤘다. 피라미드는 특정한 주파수의 전자기장 에너지를 발산하여 동일한 효과를 얻을 수 있다는 것이다.

이날 김성찬은 이상한 악기 하나를 내놓았다. 학명 백지(白芷)라고 하는 구릿대로 만든 '피리'였다. 참대로 만든 피리와는 달리 줄기 안쪽에 솜털이 있어서 잡음을 없앨 수 있단다. 이름이 신조(神口+弔)라고 했다. 입으로 조상한다는 의미의 조(口+弔)는 사전에도 없는 회의자(會意字)로 가족의 전승인만 알고 부르는 이름이라고 한다.

"이건 신과 소통하는 악기인데요. 고음으로 신을 부르고 저음으로 신을 보냅니다."

김성찬은 또 신과 소통할 수 있다고 하는 인간의 그 비밀스런 목소리를 알려준다. 아랫배의 힘과 후두의 기운으로 함께 소리를 내어 합치고 저음과 고음을 합성한 특이한 발성의 음조였다. 이 소리는 몽골족의 후메이(呼麥)와 일맥상통한다. 후메이는 자연과 하나로 어울리는 소리라고 세간에 전하고 있지만, 실은 신과 하나로 소통하는 소리라는 것이다.

나중에 김성찬이 밝힌 것은 더구나 스핑크스의 기담 같은 이야기이었다. 신통을 얻은 달인은 후메이 같은 신음(神音)으로 말을 서로 듣고 나눈다는 것이었다. 신음은 음양의 오음으로 나뉘며, 이 오음을 다시 상호 대응하는 메시지로 번역하여 읽는다.

삼태성의 '신'의 이야기는 신화가 아닌 실화로 나타났다. 미국인 스탠 로마넥(Stan Romanek)이 외계인(신)과 2000년부터 2008년까지 선후로 11차 만났다고 현지의 콜로라다주 덴바시 TV방송들이 보도했다. 더구나 이 외계인의 고향도 신족의 삼태성인(三台星人)과 마찬가지로 바로 삼태성 근처의 별이라고 한다. 스탠 로마넥은 또 그가 여성 외계인과 음양의 교접을 이뤘다고 밝힌다.

"그렇다면 '늑대부족'의 계보를 미국에서 다시 만드는 걸까요."

실제 삼태성은 '신'이 천계와 인간계를 드나드는 또 하나의 천문(天門)이다. 김씨 가족은 별 지도에 삼태성을 '통하는 문의 별'이라는 의미의 '태문성(太門星)'이라고 적고 있다. 가족의 기록에 따르면 낭황은 고향별이 지구와 1000광년 이상으로 떨어져 있지만 천문 삼태성을 통한 우주의 초고속 여행 터널을 이용하여 하루 이틀 사이에 금방 지구에 이를 수 있었다는 것이다. 그런데 스탠 로마넥은 외계인에게 직접 전수 받았다고 하는 신기한 방정식으로 이 초고속 통로를 묘사, 설명하고 있다. 진짜 우연이라고 하기에는 너무 기막힌 우연의 일치이다. 사필귀정(事必歸正)이란 바로 이런 경우를 가리키는 말이렷다.

"하늘 저쪽에서 누군가 맨날 저를 감시하고 있는 것 같아요."

늑대부족의 전승인 김성찬이 이렇게 말하고 외계인의 접촉자 스탠 로마넥이 이렇게 말한다.

마치 둘이서 서로 텔레파시로 언약을 맺으며 뭐라고 함께 입을 맞춘 것 같다. 아니라면 김씨 가족의 만 년의 기이한 이야기를 스탠 로마넥이 얼마 전에 태평양 바다를 건너와서 감쪽같이 훔쳐갔을까…

김씨 가족에 전하는 늑대 신의 그림. 스탠 로마넥
이 만난 외계인과 흡사하다.

삼태성은 큰새처럼 중국 대륙에도 깃을 접고 내려앉는다. 중국의 황제릉은 이
집트의 피라미드, 마야의 절두의 피라미드와 더불어 삼태성과 대응한다. 김씨
가족에 전하는 이야기이다. 황제릉은 4600여 년 전에 이미 건설되었으며 시기
적으로 이집트의 피라미드와 마야의 피라미드를 모두 앞지르고 있다.

삼태성은 조선(한)민족의 토템으로 신화, 전설에 자주 나타난다. 민족의 성산
인 백두산의 천지에도 삼태성이 떠오르고 있다. 이곳에서 삼태성은 단군부족의
제일 신성한 제단으로 등장한다.

연변조선족자치주의 수부인 연길시 동쪽의 성자산에도 삼태성 제단이 있었
다. 산골짜기를 사이에 두고 서로 짝을 지어 있다.

성자산은 옛날 단군부족의 일파인 부엉이부족이 이주했던 곳이다. 삼태성 제단은 단군부족의 족적을 따라 이곳에도 설립되었던 것이다.

삼태성 신앙은 조선(한)민족의 생활에서 자주 만날 수 있다. 그런데 성자산 산성의 삼태성 제단은 여타의 제단과 달리 특이한 양상을 보인다. 주단(主壇)과 부단(副壇) 두 제단이 동시에 출현하는가 하면 또 '신'의 고향별이 삼태성과 나란히 함께 등장하는 것이다.

2절

삼태자가 살고 있던 하늘의 고향

"밤하늘에 동에서 서로 흘러가는 삼형제의 별을 삼태성이라고 부른다. 옛날 흑룡담 늪가에 유복자로 태어난 세 태자가 있었는데, 어머니에 의해 각각 스승을 찾아 십 년 동안 학문과 재주를 배우고 돌아왔다. 그러던 어느 날 갑자기 광풍이 불고 비가 퍼붓더니 해가 사라졌다. 사흘이 지나자 어머니가 해를 찾아오라며 세 태자를 떠나보냈다. 세 태자가 맏이의 스승에게 연유를 알아보니, 흑룡담의 암수 흑룡(黑龍) 두 마리가 하늘에서 행패를 부리다가 암놈이 해를 삼키고 하늘 끝으로 올라가자 수놈도 따라갔다는 것이다. 세 태자는 두 흑룡과 대결하여 마침내 암놈이 해를 토하게 했다. 그리하여 인간 세상에 다시 밝은 날이 돌아왔다. 세 태자가 한 마리는 죽였으나, 다른 한 마리는 흑룡담으로 도망갔다. 도망간 흑룡이 다시 해를 삼키지 못하도록 세 태자가 하늘에 올라 해를 지키는 삼태성이 되었다."

세 쌍둥이가 해를 지키는 삼태성이 되었다는 설화이다. 이 설화는 중국 연변 조선족자치주의 민담집(연변인민출판사, 1983)에 수록되어 있다. 연길현의 박정희(朴正姬)가 구술한 것을 1962년 김명한(金明漢)이 채록, 정리했다고 한다. 정리자의 문학적 가필이 이뤄져 구연 그대로의 설화의 모습은 변모했으나 인간에서 신으로의 좌정(坐定)된 이야기라는 점에서 신화적 성격을 보여주는 자료로 평가되고 있다.

> "해를 삼키는 흑룡은 재해의 상징으로 어둠과 혹한을 뜻한다. 태양은 광명을 뜻하며 생명체의 보호 신이다. 이 설화는 인간 세상에 재해를 주는 흑룡을 싸워 물리치고 생명을 주관하는 태양을 보호하는 인간의 영웅적인 활약상을 그리고 있다."

설화는 백두산 주변에서 악천후를 극복하면서 살아온 단군부족의 강인한 생활력과 투쟁 장면을 엿볼 수 있게 한다. 그리고 선인(先人)들이 백두산 산정에 삼태성과 대응하는 세 제단을 세우고 제사를 지내던 무속신앙의 흔적이 남아있다. 실제로 삼태자가 북방의 흑룡을 제압하였다고 한 설화의 발상은 삼태성의 무속 실상에 부합한다.

삼태성은 자미성(紫微星)을 지키는 별자리로 각 방위의 신장 역할을 하는 사두성(四斗星) 즉 동두칠성(東斗七星), 서두칠성(西斗七星), 남두칠성(南斗七星), 북두칠성(北斗七星)이 만나는 중앙에 있으며 중앙방위에 대응한다. 삼태성의 생성에 관한 연변의 설화는 실은 이 같은 내용의 연장선에서 전승된 이야기라고 하겠다. 나중에 삼태성 신앙이 거의 다 사라지고 유독 칠성신앙이 남은 원인도 이에 있지 않을까 생각한다.

백두산 산정의 옛 삼태성 제단은 북한의 고고학자들도 잘 알고 있는 것으로 전한다. 그들은 삼태성 제단과 더불어 기타 몇몇 옛 제단의 자리도 분명하게 기록하고 있다고 한다.

삼태성, 오리온 자리의 허리띠로 불리는 이 별들은 고구려 고분 벽화에도 나타난다. 평안남도 강서군 약수리의 고구려 고분 벽화에 부부상이 그려져 있고 그 위에 북두칠성이 떠있으며 그 아래에 삼태성이 떠있는 그림이 있다. 후세의 고려인들도 무덤에 북두칠성과 삼태성을 그려 넣었다.

별은 무당을 수호하며 영험을 주는 기능을 가지고 있다. 무속신앙에서 삼태성은 지구를 관장하는 제일 큰 신이다. 반도에는 자미성군(紫微星君)의 가호를 받고자 삼태성에 기도하는 무속이 있다. 삼태성은 사람을 낳고 기르는 지켜주는 신장이라는 것이다. 각 방위의 신장(神將) 역할을 하는 별자리인 두성(斗星)은 사방에 있다고 생각, 두성이 만나는 중앙에 삼태성이 자리하고 있다고 여겼다. 조상이 천계에 올라가 계속 부와 복을 누리라고 기도했으며 아기가 출생하고 건강하게 자라서 부족이 번성하라고 기도했다.

제사장은 삼태성에 제례를 올릴 때마다 꼬박꼬박 행하는 의례가 있었다. 밥상에 놓이는 수저처럼 예식에서 언제나 빼놓을 수 없었다고 김성찬이 알려준다.

성자산의 안산(案山)에 차린 삼태성 제단은 특이하게도 주단(主壇)과 부단(副壇)으로 되어있지만 두 제단 역시 제사를 지낼 때마다 다 이 기도를 꼭 해야 한다는 것이다.

김씨 가족은 지금도 단군시대의 옛 무속을 대대로 전승하고 있다.

"삼태성에게 제례를 올릴 때마다 신이 제발 우리를 떠나지 말고 계속 우리를 지켜달라고 기도합니다."

"주단은 궁성 쪽을 향해 설립되었습니다. 주로 비를 기원하는 기우제(祈雨祭), 풍년을 기원하는 기곡제(祈穀祭) 등의 제사를 지냅니다."

"부단은 성 밖을 향해 산비탈에 설립되었습니다. 주로 다른 부족의 침입을 막고 적들을 물리치는 힘을 달라고 기도합니다."

나라의 안녕을 기원하는 삼태성 부단 제사는 반도에서 오랫동안 유지되었다. 유사(有司, 부족의 족장 혹은 집안의 좌상)는 산천(山川)과 묘사(廟社)에 제사를 지냄으로써 신병(神兵)으로 전쟁을 도와달라고 빌었다.

상고시대의 기우제나 기곡제도 삼태성 제단의 주단 제사를 방불케 한다. 고려·조선 시대에 하지(夏至)가 지나도록 비가 오지 않을 때면 나라에서나 각 마을 또는 각 마을에서 비 오기를 기도하는 제사를 행하였다. 제주(祭主)는 왕 또는 지방 관원이나 마을의 장이 맡았다. 또 조선시대에는 기우제나 제사를 지내던 곳이라는 기록의 고유문(告由文) 탑이 있었다.

삼태성 제단은 단군부족의 멸망과 더불어 오래 전에 소실되었다. 후세 사람들이 더는 삼태성 제사를 올리지 않으면서 제단 자체가 유야무야하게 된 것이다. 백두산 산정에 있던 삼태성 제단은 벌써 화산에 의해 파괴되고 매몰되었으며 연길 성자산의 안산(案山)에 있던 삼태성 제단의 주단과 부단도 언제인가 땅 아래에 자취 없이 갈아 앉았다.

삼태성 무속신앙은 현재로선 반도에서 다른 이름으로 표현되고 있다. 이 가운데서 삼신할매는 다름 아닌 이 무속신앙의 일부를 연상케 한다. 삼신할매는 출산을 돕고 산모와 갓난아기를 보호하며 자식 갖기를 원하는 부인에게 아기를 점지한다. 옛날 선인들이 자식소원을 빌 때 삼태성을 찾았듯 지금 사람들은 삼신할매에게 기원을 올린다.

삼태성의 이야기는 결코 이로써 끝난 게 아니다. 삼태성 제단은 지금까지 그냥 실물로 보존되고 있었다. 우연이라면 정말 기막힌 우연이다. 얼마 전 이 글을

성자산 북쪽의 옥지산 산정의 늪, 옛날 물신(水神)에게 제사를 지냈던 곳이다.

정리할 무렵에 일행과 함께 성자산을 답사하다가 북쪽의 옥지산(玉池山)에서 뜻하지 않게 삼태성 제단을 발견했다.

김씨 가족의 기록에 따르면 옛 부족은 옥지산에서 물신(水神)에게 제사를 지냈다. 옥지산은 산정의 거울 같은 둥근 늪에서 따온 이름인데, 근·현대에 늪 근처에 누군가 집을 짓고 살고 있었으며 현지에서는 그의 이름과 신분을 따서 일명 '조포수산'이라고 부른다.

"옛날 제사장은 늪의 동쪽 기슭에서 제사를 올리고, 남쪽의 언덕에서 호심에 제물을 뿌려 넣었다고 합니다."

부족은 사냥한 멧돼지 등 짐승을 제단에 희생물로 올렸다. 김성찬은 늪 근처

삼성단(三星檀)의 일부, 가운데의 평평한 자연석이 제단 상석(床石)이다. 세 제단의 오른쪽 수풀에 또 중국 대륙에 내린 신의 고향 별을 표시하는 자연석이 하나 보인다.

를 파면 옛날의 질그릇도 함께 발굴할 수 있다고 알려준다.

이날 김성찬은 우리 일행을 데리고 탐지봉으로 늪 주변을 샅샅이 훑고 다녔다. 구리로 만들어진 이 막대기는 지하에 수맥이 흐르는 곳이면 좌우로 규칙적으로 움직인다. 옥지산에서 물신 제사를 올리면서 천신제(天神祭)를 지낸 제단자리를 거듭 확인할 수 있었다.

탐지봉의 막대기는 또 늪 서쪽 둔덕의 어느 나무 부근에서 뛰놀 듯 앞뒤로 춤을 추었다.

나무 아래에는 자연석 세 개가 일렬로 가지런히 놓여 있었다. 늪 부근에는 돌이라곤 없어서 이 자연석은 어디선가 의도적으로 이곳에 옮겨졌고, 특별히 일렬로 놓았다는 것을 걸 금방 알 수 있었다.

"이런 세 자연석을 삼성단(三星壇)이라고 해요. 옛날 삼태성에 천신제를 지내던 제단입니다. 중간의 평평한 자연석이 바로 제물을 진설(陳設)하는 상석(床石)이지요." 김성찬은 유적지에서 처음 삼성단을 만난다면서 몹시 흥분한다.

"늪을 형성한 샘물은 바로 이 나무 아래에서 나옵니다. 수맥의 줄기를 따라 특별히 무성한 나무들이 잘 보이지요?"

초기의 고대 제단은 흙을 돋우어 만들거나 자연석 그대로 사용했다. 혹은 흙과 자연석을 거듭 쌓고 그 위를 평평하게 만들었다.

기실 김성찬을 놀랜 것은 그 자신도 최초로 발견한 이 세 개의 자연석 제단 때문이 아니었다. 삼성단의 오른쪽 수풀 속에 또 다른 자연석의 제단이 하나 숨어 있었던 것이다. 이 제단은 김씨 가족의 성도(星圖)에 그려져 있는 별과 대응한다. 바로 늑대부족의 시조인 낭황(狼皇)의 고향별이다.

"낭황의 고향별은 우리 가족만 알고 있는 걸로 알았습니다. 그런데 여기의 삼성단에서 이 그림을 보게 되리라곤 꿈에도 생각하지 못했습니다."

김성찬은 연신 감탄을 했다.

옥지산의 삼성단에는 또 하나의 특이한 점이 있었다. 가족의 성도에 있던 다른 늑대 신의 고향별은 삼태성의 오른쪽 상단 위치에 있는데, 이 삼성단에서는 텅텅 빈자리로 되어있다. 이 늑대신은 낭황의 족속이지만 서로 적수이며 또 중국 대륙이 아닌 아프리카 대륙에 내렸다는 점이 다시 상기된다.

아닌 게 아니라 성자산이 바로 단군부족의 일파인 부엉이부족의 거주지였다고 전하는 김씨 가족의 기록이 새삼스런 순간이었다. "삼태성은 우리 가족만 아니라 단군부족과 연맹의 여러 부족에게 다 전승된 토템이지요."

삼태성 제사는 조선(한)민족의 정체성을 잘 드러내는 고유의 전통이라는 것이다.

3절

북두칠성이 내려앉은 미스터리의 왕국

"삼태성 신앙은 우리 민족의 칠성신앙에 많이 남은 것 같아요. 아니면 칠성 신앙과 한데 겹친다고 할까요."

삼태성이든 북두칠성이든 사실상 하늘의 거대한 에너지의 장 그 자체이다.

김해 김씨의 족보에 따르면 중시조 김유신(金庾信)은 등에 칠성 무늬를 지고 있는 등 북두칠성의 기운을 타고났기 때문에 삼국통일을 이끈 명장으로 되었다고 한다. 선인(先人)들은 심지어 상투를 꼬아도 북두칠성의 기운을 받기 위해 상투를 일곱 번이나 돌려 꼬아서 감았다고 한다.

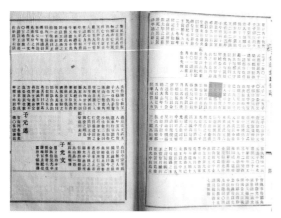

김씨 족보는 김유신의 등에 칠성 무늬가 있었다고 기록한다.

칠성신은 단군신화에 나오는 환인, 도가의 최고의 신 옥황상제처럼 제일 성스러운 위치에 있는 신령이다. 옛날 하늘의 일을 하는 영적인 사람들을 북두칠성으로부터 강한 기운을 받았다고 여겼으며 칠성 줄을 타고난 사람들이라고 했다. 그래서 신자는 또 칠성단(七星壇)을 쌓고 북두칠성에 기도를 올린다. 칠성단은 무속이나 도교에서 인간의 수명과 탄생, 재물과 재능을 관장하는 칠성신에게 제사를 지내려고 별도로 만들어 놓은 자리이다. 칠성각과 산신각을 짓고 칠성신을 모시기도 한다. 제사를 지낼 때 주문을 올리고 신을 부르며 흰천을 드리고 쌀을 올린다.

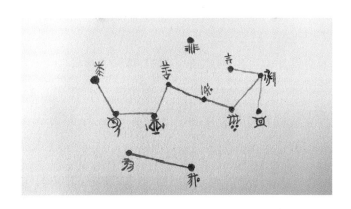

북두칠성의 이름을 적은 곰부족의 곰탈문(熊面文).

북두칠성은 단군시대 곰부족에 의해 그들의 곰탈문(熊面文)으로 기록되기도 했다. 곰탈문은 도합 121자로 구성, 천신(天神) 환웅(桓雄)이 그와 혼인한 곰부족의 공주에게 각별히 전수한 것으로 알려지고 있다. 환웅이 속한 천계의 신족(神族)이 사용하던 것으로 역법 등을 기록할 때 사용하던 문자라는 것이다.

아닌 게 아니라 북두칠성은 하늘에 걸린 거대한 시계바늘을 방불케 한다. 누군가 끼마다 밥(태엽)을 주어 하늘의 이 시계바늘이 그냥 쉴 새 없이 움직이게 하는 것 같다. 북두칠성은 시계 방향으로 회전하며 한 달에 30도씩 운행한다. 자루가 동쪽을 향하면 봄철이 온 것이요, 남쪽을 향하면 여름철이 온 것이며 서쪽을 향하면 가을철이 온 것이요, 북쪽을 향하면 겨울철이 온 것이다.

곰부족은 물론 궁극적으로 환웅(桓雄)의 천부인을 전수받은 김씨 가족 역시 북두칠성과 불가분의 충만체를 이룬다. 북극성(北極星)은 단군시대부터 가족에 전승하는 성도(星圖)의 주성(主星)이다.

"북두칠성에는 우리 부족이 지은 이름이 있습니다. 우리 가족은 북극성을 해랑성(海狼星)이라고 부릅니다."

김성찬의 말이다.

김씨 가족 전승인의 수련은 바로 칠성과 그 주변의 별과 감응, 교감을 이루고 서로 기운을 주고받는 과정이기도 한다. 수련자는 별에서 기운을 받아 영험을 더 기르며 별은 또 수련자의 기운을 받아 기혈을 보(補)한다. 월사(月師)는 궁극적으로 북두칠성 일곱 개의 별과 감응, 교감을 이룰 수 있다.

"별 세 개와 감응하고 교감할 때부터 비로소 월사라고 합니다. 할아버지가 말씀하시던데요, 별 네 개와 감응하고 교감을 이룰 때 전세(前世)를 볼 수 있다고 합니다."

김성찬의 할아버지는 김씨 가족의 제183대 월사이다. 수련을 한다고 해서 곧바로 월사가 되는 게 아니며 또 월사가 되더라도 금방 북두칠성과 다 감응, 교감을 갖는 수준에 이를 수 있는 게 아니다. 반만년 가족사에서 천재적인 월사는 세 번 출현했었다고 기록되고 있다.

김성찬이 밝히는 내밀한 가족사이다.

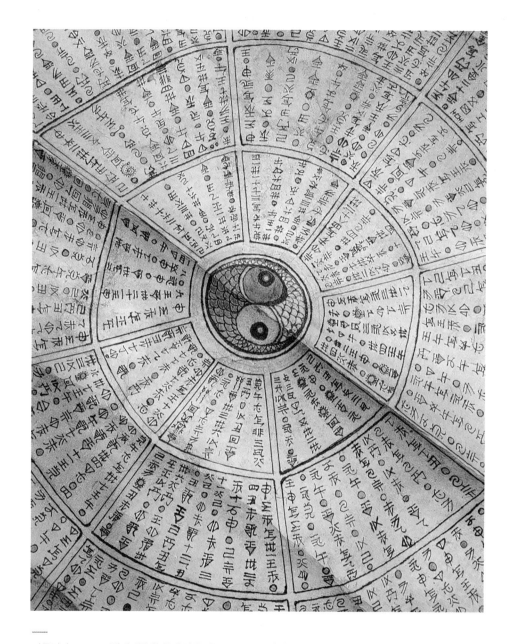

나룡경판(罗龙经盘), 별에 대응한 물과 산 등의 풍수를 보는 김씨 가족의 옛 나침반.

"13세 때 월사가 된 선조가 있었다고 하는데요. 그때가 주나라 때의 신화시대라고 합니다. 그분은 별자리를 보는데 능했다고 합니다."

"16세 때 월사가 된 선조가 있었다고 하는데요. 그때가 당나라 때라고 전합니다. 그분은 풍수의 달인이었다고 합니다."

"역시 16세 때 월사가 된 선조가 또 한분 있었다고 하는데요. 그때가 원나라와 명나라 시기라고 합니다. 그분은 부적으로 병 치료를 할 수 있었다고 합니다."

"이 세 선조는 모두 신과 서로 소통할 수 있었다고 전합니다."

월사는 연산(連山), 귀장(歸藏), 건곤(乾坤) 이 삼역(三易)의 달인이었다. 먼저 천, 지, 인, 신으로 나눠 13개의 괘상(卦象)을 얻고 이 괘상을 한 번(輪, 바퀴로 해석 가능) 두 번 거듭 추단 연역(推演)한다. 이런 추단 연역을 통해 세상사와 인간의 운명을 예측할 수 있다. 초학자는 삼역의 괘상을 세 번이나 다섯 번 정도 추단 연역할 수 있으며 최단수의 고수는 눈 깜짝할 새에 무려 132번을 추단 연역할 수 있다. 이럴 경우 고수는 방문객의 도착시간은 물론 방문객의 소지품, 동행자, 방문 목적 등을 미리 다 볼 수 있다는 것이다.

"할머님은요, 북두칠성의 네 개 별과 감응하고 교감을 이루는 수준이었습니다."

단군부족은 멧돼지 부족으로 좌우 두 계파로 나뉘며 삼국시대에 박씨와 정씨 두 성씨로 된다. 김성찬의 조모 정봉금은 정씨 계열의 큰무당 전승인이다. 상고시대의 단군부족의 비밀스런 옛 이야기는 조모에게 적지 않게 전승되고 있었다.

에피소드가 있다. 정봉금의 이름자는 봉황 봉(鳳), 이제 금(今)인데, 한자(漢字)에 서투른 현지 등록인의 오기(誤記)에 의해 바람 풍(風), 이제 금(今)으로 촌민 명부에 잘못 등록되었다. 잘못된 이 이름은 나중에 산속의 묘지명까지 기어이 정봉금을 뒤따라갔다.

실제 수십 년 전의 이런 오기로 하여 뜻하지 않게 '창씨개명'을 하게 된 조선족들이 적지 않다. 진실은 기록자에 의해 잘못 전달될 수 있으며 청취자는 이 허상을 그냥 진상으로 접하게 된다는 것이다.

오늘날 우리가 알고 있는 북두칠성의 이름은 거의 대부분 수나라 후 무명의 어느 도인이 지은 것이다. 그때 황제가 하늘의 기운을 받아 천수를 누리려고 이 도인을 통해 일부러 칠성의 이름을 바꿔버렸다. 북두칠성의 이름은 단군시대부터 진나라를 거쳐 수나라에 이르기까지 자그마치 세 번이나 달리 불렸던 것이다.

"당나라 전까지 궁실을 지을 때는 점성가를 불러 북두칠성을 보고 이에 대응하는 곳을 찾았다고 하는데요."

훗날 여러 왕조는 또 이런 터를 찾아 그 위에 왕궁을 지었다. 성자산의 마지막 국왕 포선만노(浦鮮萬奴)가 나중에 동하국(東夏國)의 도읍을 하필이면 만주 변두리의 이 성자산에 정한 데는 다 그럴 만한 이유가 있었던 것이다.

이날 김성찬을 일행을 데리고 성자산을 빙 둘러보았다. 산중에는 발굴자들이 이미 땅의 뱃속 깊이까지 헤쳐 놓은 흔적이 적지 않았다. 김성찬은 산중의 발굴된 많은 유적지가 각기 북두칠성과 맞대응한다고 알려준다.

2020년, 성자산은 새로 발견된 중국 10대 고대 유적 신발견 프로젝트에 등록되었다. 8년여의 긴긴 발굴 작업은 끝났지만, 적지 않은 유적지와 유물은 주인과 용처 등이 그냥 미스터리로 남았다. 또 상당수의 유적은 아직도 발굴자에 의해 발견되지 않은 등 '미완의 과제'로 되어있다.

발굴자들은 성자산 유적의 '심장'인 옛 왕릉은 끝끝내 찾지 못한 듯하다. 수풀이 무성한 왕릉 옛터는 아직도 삽이라곤 닿지 않은 처녀지로 있었다.

"산비탈에 해놓은 표식도 모르고 위치는 아예 감감인데 어떻게 다치지요? 그리고 적어도 다섯 미터 정도 땅을 파야 왕릉의 입구에 닿을 수 있습니다." 김성찬은 미상불 어이가 없다는 표정을 짓는다.

일행은 산정의 신단을 지나고 또 신당이 있는 산중턱을 내렸다. 산비탈의 고목 부근에서 왕릉을 찾았다. 왕궁은 왕릉의 위치에서 다 빤하게 내려다 볼 수 있었다. 왕릉의 주인은 왕실의 근처에서 그의 후손들을 지켜보고 있었던 것이다.

"언제인가 역사학자를 만나 왕릉 등 위치를 얘기 드리려고 했는데요. 풍수는 허황한 미신이라고 하면서 아예 도리머리를 흔드는 겁니다."

실제로 어처구니가 없는 일을 성자산에 저지른 것은 현지의 발굴자들이었다. 낙양삽(洛阳铲)으로 도처에 구덩이를 송송 파놓았던 것이다. 낙양삽은 고고학 발굴에 사용되는 도구의 명칭이지만 도굴의 상징이기도 한다. 20년대 초 중국 낙양의 도굴자에 의해 발명되었기 때문이다. 성자산의 발굴자들은 삽에 색다른 흙이 묻어나오거나 초석, 기와 등 유물이 감지되면 제잡담 그곳을 파헤쳤던 것이다.

김성찬 우리 일행에게 북두칠성과 대응하는 왕궁의 시설물이 다 어디에 있었다고 일일이 설명했다. 성자산의 산성 자체가 북두칠성의 기운을 지상으로 받는 천문(天文)의 자리라는 것이다.

"대전(大殿) 다시 말해서 왕이 정사를 보던 공부(公俯)는 북두칠성의 으뜸의 별자리인 탐랑(貪狼)에 해당한 위치입니다. 왕실의 왕의 침소는 거군(巨門), 왕후의 침소는 녹존(祿存)에 해당한 위치입니다. 문무 대신의 관저는 각기 문곡(文曲)과 무곡(武曲)에 해당한 위치이고 왕실의 하인, 잡인, 태감의 거소는 염정(簾貞), 부장(副將)을 비롯한 군인들의 거소는 파군(破軍)에 해당한 위치입니다."

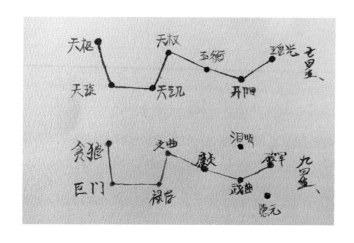

위의 북두칠성 이름은 수나라 때부터 비로소 출현한 것이며, 아래의 북두칠성과 좌우 두 별 도합 아홉 별의 이름은 진나라 때부터 생긴 이름이다.

"산성 북문의 산기슭 부근을 발굴했던데요. 이곳이 바로 파군에 해당하는 곳입니다."

"파군에 해당한 위치는 원체 살기(殺氣)가 심한 곳인데요. 이곳을 발굴하면 칼이나 화살촉 등 흉기가 많이 나오게 됩니다."

"파군의 바깥쪽에는 적들의 침입을 방지하기 위해 군영을 짓는데요. 성자산의 형국을 보니 부근의 안산(案山)의 비탈진 펑퍼짐한 곳에 보루 모양의 요새가 있었습니다."

"진·한(秦·漢) 후 북두칠성 끝 자루의 부근에 있던 별 두 개가 다 사라졌다고 하는데요. 그래도 이 별에 해당한 위치에는 그냥 상응한 집들을 짓습니다."

"동명(洞明)에 해당한 위치에는 하늘과 땅, 물의 기운을 보는 사람들 다시 말해서 신탁(神託), 성항(星恒, 점성가)와 샤먼(법사, 무당 등)이 삽니다."

"은원(隱元)에 해당한 위치에는 무역상, 장사꾼들이 모이고 백성들이 경제활동을 하는 장터를 세웁니다."

"지금까지 발굴된 유적지를 두루 보니 성자산 초기의 옛 궁실은 분명히 하지(夏至)의 북두칠성에 대응하여 지은 겁니다. 훗날 성자산에 지은 왕궁의 형국도 대개 이것을 따른 것이라고 말할 수 있습니다."

현재로선 녹존, 문곡, 무곡, 파군 등 북두칠성의 별에 대응하는 몇몇 궁실과 관저 옛터는 발굴자들에 의해 어느 정도 발굴된 상태이다. 아쉽게도 이런 옛터의 다른 유물인 우물들은 발굴한 흔적을 좀처럼 찾을 수 없었다.

김성찬이 탐지봉을 들고 유적지의 탐사에 나섰다. 알고 보니 옛 우물은 이미 발굴된 유적지에 있었다. 발굴자들이 본의든 타의든 이를 빠뜨린 것이다. 김성찬은 인제 유적지의 땅을 한두 미터 더 파면 우물이 나올 것 같다고 말한다. 문무대신의 관저 앞마당에 각기 우물이 있었고 왕의 침소 근처에 또 우물이 하나 있었다.

"왕(부족장)은 누군가 남몰래 독을 탈까봐 우물을 따로 짓습니다."

"왕궁의 우물에서 유물이 발견되는 경우가 많은데요. 그리고 우물 자체도 실은 큰 문물이거든요. 그런데 왜 우물을 발굴하지 않았는지를 모르겠습니다."

일행은 발굴자가 아예 우물터의 위치를 모르고 있었을 가능성에 무게를 두었다. 미상불 성자산의 왕릉은 '두더지'도 종내 찾지 못한 건 아닐지 하는 생각이 들었다. 왕릉이 아직까지 그냥 미발굴의 상태에 놓여 있기 때문이다. 그러나 다들 금방 머리를 설레설레 흔들었다. 하긴 '두더지'가 이미 전에 벌써 왕릉 윗쪽의 신당도 발견하고 이걸 말끔히 도굴하지 않았던가.

"목걸이를 훔친 도둑이라면 목걸이에 달린 보석을 버릴 리 만무하지요. 왕릉이 도굴되지 않은 걸 이해할 수 있습니다."

김성찬은 일행에게 낱낱이 해석을 했다.

옛날 왕궁의 장인(匠人)들은 신탁(神託), 성항(星恒), 샤먼과 더불어 일파를 이뤘다고 김씨 가족에 전한다. 이런 장인들에 의해 왕릉은 도굴자의 침입을 막기 위한 장치를 했다. 이에 따르면 성자산의 왕릉에는 분명히 현묘한 장치가 설치되어 있고, 도굴자는 탐지 장비를 통해 이런 비밀을 미리 알았다는 것이다.

도굴을 방지하기 위한 성자산 왕릉의 보호 장치는 병균 고(蠱)일 가능성이 높다. 뱃속의 벌레 고(蠱)는 독을 이르는 말인데, 이 독은 실은 동식물의 합체로 이뤄진다고 김씨 가족에 기록, 전승되고 있다. 쉽게 말해서 동물을 화분 그릇으로 삼아 식물을 심고 길러서 만든 약이라는 것이다. 상고시대 왕릉에 심는 병균은 특별히 개와 원숭이에게 심어서 키웠다고 하는 김성찬의 설명이다.

"병균은 왕릉에 넣는 '죽음의 주문' 같은 거지요. 왕릉을 판 후 발굴자가 얼마후 까닭 없이 죽어버리는 건 대개 이런 '주문'이 내렸기 때문입니다."

"왕릉을 찾을 때 탐지봉에 검은 개의 피를 바르는데요. 능에 병균이 있으면 탐지봉의 피가 금방 다 말라버립니다."

정말이지 탐지봉을 들고 직접 시험하지 않았던들 이런 이야기를 죄다 허구의 소설처럼 재밋거리로만 여겼을 것이다.

제4장

신단에 내린 환웅과 그의 무리들

『단군고기(檀君古記)』는 반도의 역사에 존재했다고 하는 단군조선의 세계(世系)를 적은 책이다. 단군조선은 조선(한)민족의 족원(族源)을 밝히고 있으며 단군이 세운 나라의 이름으로 되고 있다.

단군의 이야기는 오래전부터 민간에서 입으로 구전되고 또 책으로 되어 있었다. 고려 일연(一然)이 고기를 인용하여 『삼국유사(三國遺事)』에 처음으로 이 이야기를 서술하였다. 훗날 『이조실록(李朝實錄)』의 「세조실록·지리지(世祖實錄·地理志)」에 기록한 본기(本紀) 역시 『단군고기』인 것으로 보인다. 정작 『단군고기』는 오래 전에 실전되었으며 책으로 된 연대와 저자, 내용 등 실체는 그냥 베일에 가려 있었다.

『삼국유사』가 인용한 『단군고기』의 내용을 읽어보자.

「고기(古記)에 이르기를, 옛날 환인(桓因)-제석(帝釋)을 이른다-의 서자(庶者) 환웅(桓雄)이 천하에 자주 뜻을 두고 인간 세상을 몹시 바라고 있었다. 환인이 아들의 뜻을 알고, 삼위(三危)와 태백(太伯)을 내려다 보매, 홍익인간(弘益人間)을 할 만하였다. 이에 천부인(天符印) 세 개를 주고 내려가서 이곳을 다스리게 하였다.

환웅은 무리 삼천 명을 거느리고, 태백의 산꼭대기에 있는 신단수(神檀樹) 아래로 내려와 이를 신시(神市)라 일렀다. 그가 환웅천왕이다. 풍백(風伯), 우사(雨師), 운사(雲師)를 거느리고 곡식, 수명, 질병, 형벌, 선악 등을 주관하면서, 인간의 360가지의 일을 맡아 인간 세계를 다스리고 교화하였다.

때마침 곰 한 마리와 호랑이 한 마리가 같은 굴에서 살았는데, 늘 신에게 사람 되기를 빌었다. 이때 환웅이 신령스런 쑥 한 타래와 마늘 스무 개를 주면서 말하였다.

"너희들이 이것을 먹고 백 일 동안 햇빛을 보지 않는다면 곧 사람의 모습을 얻게 될 것이니라."

곰과 호랑이는 이것을 얻어서 먹었다. 삼칠일(三七日, 21일)동안 기(수련)를 하여 곰은 여자의 몸이 되었다. 그러나 호랑이는 기를 하지 못했으므로 사람의 몸을 얻지 못하였다. 웅녀(熊女)는 자기와 혼인할 사람이 없었으므로 항상 단수(檀樹) 밑에서 애기를 배도록 해달라고 빌었다. 환웅은 이에 잠시 사람으로 변하여 그와 혼인하였더니, 웅녀는 임신하여 아들을 낳아 이름을 단군(檀君)이라 하였다.

단군 왕검(王儉)은 요(堯) 임금이 왕위에 오른 지 50년인 경인년(庚寅年)-요 임금의 즉위 원년이 무진(戊辰)이면, 50년은 정사(丁巳)이지 경인은 아니다. 경인이라고 한 것은 사실이 아닌 것 같다.-에 평양(平壤) 성에 도읍을 정하고 비로소 조선(朝鮮)이라고 일컬었다. 또 다시 도읍을 백악산(白岳山) 아사달(阿斯達)로 옮겼다. 그 곳을 궁홀산(弓忽山)-'궁'을 달리는 방'方'이라고도 쓴다-또는 금미달(今彌達)이라고 한다. 그는 1500년 동안 나라를 다스렸다.

주(周)나라의 무왕(武王)이 왕위에 오른 기묘년(己卯年)에 기자(箕子)를 조선에 봉하매, 단군은 장당경(藏唐京)으로 옮겼다. 후에 아사달에 돌아와 숨어서 산신(山神)이 되었는데, 그 때 나이가 1908살이었다.」

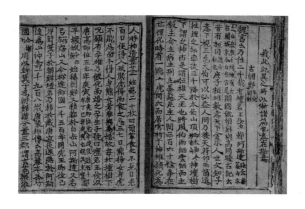

고려 승려 일연이 편찬한 '삼국유사'

　상고시대의 기이한 이야기이다. 이 『단군고기』를 신화로 주장하는 사학자들은 반도에도 적지 않았다. 이야기 자체가 황당무계하고 사실근거가 없다는 것이다. 정말로 믿을 수 없는 사적(史籍)이라는 것.

　옛날 옛적에 호랑이가 곰방대를 물고 담배를 피웠다면 모를까.

　태고시절의 단군시대는 무속(巫俗)이 활발하던 세상이었다. 무속은 인류의 역사와 동시에 출발하여 함께 해왔고 오랫동안 성행했다. 무당이 없는 단군의 세계를 상상할 수 없다. 그런데 『단군고기』의 행간에는 굿 대신 후세의 불호(佛號)의 외침과 부적의 그림이 떠오른다.

　그리하여 상당수의 사람들은 단군을 그냥 불교나 도교의 인물로 주장한다.

　"제석(帝釋)'은 불교경전인 『법화경(法華經)』에서 나오지 않던가요?"

　"또 '부인(符印)'은 귀신을 부릴 수 있는 불가의 신기(神器)라고 『용수오명론(龍樹五明論)』이 밝히고 있습니다."

　"풍백, 운사, 우사는 도교에서 출현하는 신장(神將)이지요."

이에 따라 단군은 천왕이나 선인으로 등장하며 『단군고기』의 '천부삼인'은 불법승의 삼보나 도법사의 삼보로 해석되고 있다.

과연 그때 그 시절에 단군은 염불을 하고 금단을 복용하였던가.

심지어 『단군고기』의 이야기는 삼국시대 혹은 고려시대에 처음 지어 만든 신화이며 단군은 세상에 존재하지도 않은 허구의 신화인물이라고 보고 있다.

김씨 가족이 전하는데 따르면 『단군고기』의 이야기는 일찍 서주(西周, B.C. 1046~B.C. 771) 말에 나온 것으로 삼국시대에 재구성되었다. 이때의 저자는 동군(東郡)에 살던 사람이었다고 한다. 동군은 단군시대 대륙을 동서남북 네 지역으로 구분하던 4대 군락지의 하나이며 강동은 지금의 평양 강동 지역으로 마지막 단군이 살던 곳이다.

곰과 호랑이와 함께하는 산신령의 단군.

실제로 불교는 인도에서 일어나서 서기 372년 고구려에 전래되기 시작했고 도교는 대륙의 토착종교로 동한(東漢, A.D.25~220) 말년에 비로소 형성되었다. 김씨 가족이 기록에서 밝히듯 『단군고기』에 기술된 이야기는 분명히 후세에 불교와 도교 경전을 모방하고 용어를 통해 윤색한 것이다. 저자는 구름에 비낀 영롱한 오색을 나름대로 서술했지만 정작 그 속에 담긴 비와 번개는 모르고 있었고 제대로 그리지 못했다.

내가 알고 있는 세계라고 해서 꼭 진실한 것은 아니다. 이에 따라 역사는 자칫하면 사실과 다르게 해석, 왜곡될 수 있다.

1절

◈◈◈◈◈

불이 타는 물의 세계

이름부터 다른 『단군고기』의 이야기이다.

할아버지는 늘 손자의 머리맡에 앉아 자장가를 하듯 옛말을 들려주었다. 김성찬은 나이를 먹은 후에야 이 구수한 옛말이 실은 '단군신화'의 이야기라는 걸 알게 되었다. 그러나 이 '단군신화'에서 호랑이와 곰은 더는 의인화한 동물이 아니었으며 처음부터 두 부족의 공주로 등장하고 있다.

"그때 그 시절 부족끼리 늘 전투를 벌였단다. 이 부족과 저 부족이 싸움을 했고 또 이 부족과 저 부족이 합쳐 다른 부족과 싸웠단다. 식량을 빼앗고 노예를 빼앗고 땅을 빼앗기 위해 다른 부족을 공격했단다.

어느 날 하늘에서 문득 별똥이 떨어졌어. 바로 정면으로 여덟 부족의 여덟 마을 복판에 내려앉았단다. 별똥에서 신이 나왔어. 훗날 곰부족이 그들의 토템으로 삼은 태양신이었단다.

태양신은 깃에 검고 흰 색깔이 뒤섞였는데 햇빛처럼 반짝반짝 빛났어. 엉덩이에는 꼬리가 달렸는데 호랑이의 꼬리처럼 유달리 길어서 땅에 척 드리울 정도였단다.

그때 호랑이부족과 곰부족은 각기 족장의 딸을 태양신에게 바쳤단다. 그러자 태양신은 웅녀(熊女, 곰부족의 공주)와 호녀(虎女, 호랑이부족의 공주)에게 먼저 숙제(宿題)를 냈단다. 웅녀에게는 쑥을 주고 호녀에게는 나무껍질을 주었단다. 그들이 제각기 이걸 먹게 했단다. 웅녀는 쑥을 씹어서 입에 넣었지만 호녀는 나무껍질을 도무지 목구멍으로 넘길 수 없었단다.

결국 호녀는 호랑이부족 마을로 돌아갔고, 웅녀가 태양신과 혼인을 했단다."

『단군고기(檀君古記)』에 따르면 이 태양신은 '환웅(桓雄)'이다. 환웅은 나중에 웅녀(호랑이부족 공주)에게 천도(天道)를 알리는 '천부삼인(天符三印)'을 전수하는데, 이때 호랑이부족을 따돌리려고 숙제를 냈던 것이다. 그래서 호녀에게는 일부러 그가 먹기 힘든 나무껍질을 주었단다.

이 이야기는 『단군고기』에 삼칠일(三七日, 21일)동안 기(수련)를 하여 곰은 여자의 몸이 되었으나 호랑이는 기를 하지 못했으므로 사람의 몸을 얻지 못한 것으로 기술되었다.

그런데 '환웅'은 왜서 호랑이부족을 그토록 싫어했을까…

사실인즉 '환웅'이 내려오기 반포(반달 즉 15일이라는 의미) 전에 어느 천신이 벌써 여덟 마을의 복판에 출현했고 뒤이어 이웃한 호랑이부족에 자리를 잡고 있었다. 천계의 신들도 속세의 인간과 마찬가지로 물과 불처럼 상극의 궁합이 있었던가. '환웅'은 이 천신을 아주 경계하였고 따라서 그가 관리하는 호랑이부족을 못내 꺼렸다.

정말로 두 천신은 서로 별로 손짓눈짓도 나누지 않은 것 같다. '환웅'은 호랑이부족에 웅거한 천신의 이름마저 끝끝내 그의 곰부족에 한글자도 남기지 않았다. 김씨 가족의 기록에 따르면 '환웅'은 신들의 갈등(싸움?)을 피해 급작스레 인간계에 내려왔다. 풍백, 우사, 운사 등 세 명이 그를 수행했다. 호랑이부족의 무명의 천신은 이상스럽게 '환웅' 무리의 출현에 즈음하여 인근 지역에 갑자기 나타난다.

"무명의 천신은 '환웅'보다 훨씬 늦게 천계를 떠났다고 하는데요." 김성찬은 아무래도 의아쩍다는 듯 머리를 기우뚱했다.

무명의 천신은 뒤미처 호랑이부족의 마을에 기거하였으며 부족의 신령으로 되었다. 그가 천계에서 이미 전부터 '환웅'의 적수였다면 호랑이부족이 '환웅'에게 호녀를 천거한 까닭을 의심하지 않을 수 없다.

"호랑이부족의 신령은 우리 은하계와 이웃한 별자리에서 내려왔다고 합니다. 아주 먼 곳이지요. 별 이름이 노황(鱸簧)이라고 합니다."

별 노황은 안드로메다자리의 바로 왼쪽 부분에 위치한다고 김씨 가족은 기록한다. 안드로메다자리는 초겨울의 저녁 때 천정에 오는 별자리로 중국어로는 선녀자리라고 불린다. 이름의 선녀처럼 하늘에서 날아 내린 무명의 천신은 나중에 호랑이부족에게 등문자(藤文子)라고 하는 부호문자를 전수한다.

"등문자가 천신의 고향별에서 사용하던 문자인지 아니면 선사시대의 지구의 어느 부족이 쓰던 문자인지는 몰라요."

『단군고기』의 이야기가 신화라면 김씨 가족에서는 신화 속의 신화를 엮고 있는 것 같다. 문자의 출현은 인류문화의 활동을 기록하는데 좋은 수단을 제공, 인류가 원시적인 몽매 상태에서 문명 상태에 들어서게 했다. 주류 학설에 따르면 중국 대륙의 최초의 문자는 갑골문으로 지금으로부터 약 3600여 년의 시간을 갖고 있다. 그런데 호랑이부족의 등문자는 이를 훨씬 앞서 적어도 반만년 전의 역사가 되고 있는 것이다.

등문자는 4종의 도합 870자로 구성된다. 4종의 부호문자는 각기 사용이 가능하며 함께 혼용할 때는 고구문(哭口文)이라고 한다. 고구문은 하늘의 이글거리는 두 태양의 별(신)이 입으로 전한 부호문자라는 의미가 된다. 등문자는 변화가 다양한데, 4종 부호문자의 변종 조합은 무려 1천여 개에 달한다. 개개의 부호문자가 자모음 형태라고 말할 수 있겠다. 제1종의 고문(哭文) 70자만으로 약 300개의 글자를 만들 수 있다.

—
그림의 고문(哭文)은 호랑이부족이 전수받은 부호문자의 제1종으로 70자로 되어 있다. 이런 부호문자는 도합 4종의 870자이다.

문자의 산생은 언어의 시공간 국한성을 깨뜨린다. 인간의 생명은 유한하고 기억은 제한되어 있다. 수세대 전이나 수세대 후의 인간은 접촉할 수 없다. 세월 속에서 기억은 실존, 굴절이 된다. 옛날의 이야기가 다 진실 그대로인 것은 아니라는 얘기이다.

호랑이부족은 드디어 하늘 아래의 일들을 다 기록할 수 있었고 이런 기록을 세대가 바뀌도록 부족에 다 그대로 전할 수 있었다.

'환웅' 역시 나중에 그가 칩거한 곰부족에 부호문자를 전수했다. 호랑이부족이 전수한 단수의 등문자와는 달리 이번에는 체계적인 복수의 부호문자 계통이었다. 여러 지역 여러 부족이 사용했던 부호문자들을 아우르고 있었다. 그러고 보면 무명의 천신이 호랑이부족의 공주를 기어이 '환웅'에게 천거한 영문이 여기에 있지 않을지 한다. 곰부족이 전수한 부호문자 계통은 통틀어 귀청문(鬼靑文)이라고 불렸다. 더 말할 나위가 없이 '환웅'이 출생한 모성(母星)인 귀청두(鬼靑斗)에서 따온 이름이다.

귀청두는 겨울철 하늘의 한가운데 보이는 쌍둥이자리에 있다. 천문학자들은 카스토르(Castor)라고 부른다. 카스토르는 그리스 신화에 등장하는 영웅으로 '제우스의 아들들'이라고 불렸던 쌍둥이 형제의 한 사람이다. 이들 형제는 그리스 신화의 유명한 모험에 단골로 이름을 올린다. 그래서 '환웅'이 나중에 지구에 날아 내리는 모험을 하지 않았을지 모른다.

귀청문은 도합 3650자로, 육중쌍성계를 이루고 있는 카스토르처럼 매우 복잡하다. 웅녀의 부친 지군웅(地君熊)이 귀청문을 세 가지로 나눠 분류, 정리하였다. 그는 지상의 여러 시대 여러 부족이 사용했던 44국(局) 즉 44종(種)의 부호문자를 귀문(鬼文)으로 귀납했고 위치와 방향, 시간을 밝히는 화성(火星)의 부호문자는 신음자(神音字)로 귀결했으며 기의 힘을 담은 부(符)의 문자 기호(記號)는 연음부문(蓮音符文, 연음자)에 귀속했다. 호랑이부족이 전수받은 등문자는 귀문 44국의 제33국 부호문자에 들어간다.

귀청문의 이야기는 원래 곰부족의 최대의 비밀이었다. 웅녀의 아들은 부족전

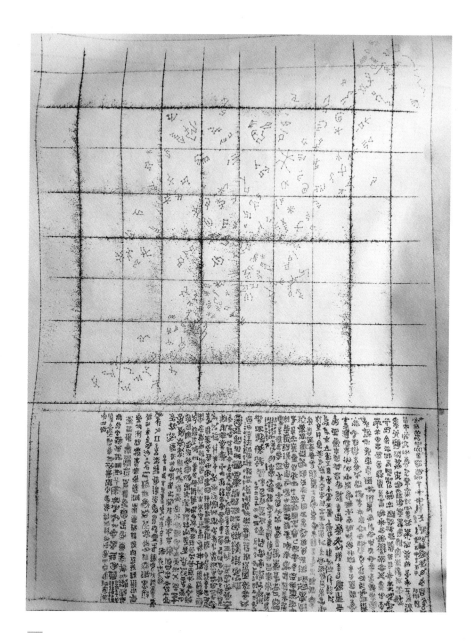

천기도(天机图)의 일부, 천기도는 전성88성도(全星88星图)를 구성하는 여러 지도의 하나이다. 아래의 부호문자가 귀청문 즉 천부인이다.

쟁으로 가족이 이산된 후 멧돼지부족에 사위로 들어가며 쿠데타를 일으켰다. 이때 그는 누구보다도 뭇사람들의 반발을 무마하고 인심을 얻어 멧돼지부족을 장악해야 했다. 그리하여 귀청문을 나눠 수하들에게 늘 재물처럼 상으로 주었다. 이에 따라 부호문자는 세상에 일부 분산 전승되지만, 귀청문 자체는 여전히 구름 속의 용처럼 형체를 다 볼 수 없었다. 훗날 『단군고기』의 저자도 귀청문의 실체를 밝히지 못한 채 천부인(天符印)이라는 신조어로 고기에 기록하는 것이다. 후세의 사람들은 더구나 이 천부인을 잘 알 수 없으며 그 무슨 신기한 기물이라고 나름대로 추정할 뿐이다.

『단군고기』의 저자가 기술하지 못한 '환웅'의 전승물은 또 하나 있다. '환웅'은 아들에게 천기도(天機圖), 현기도(玄機圖), 음양도(陰陽圖) 등 점성술로 현묘한 우주의 비밀을 밝히는 전성88성도(全星88星圖)를 전수했던 것이다.

결국 천부인은 이런저런 풍설만 무성하며 사람들은 더구나 미로에 빠져들고 있다.

김성찬은 '환웅'의 이름도 실은 세상에 잘못 전한 이름이라고 거듭 말한다. "'환웅'이라는 이 이름이 생긴 것을 다시 생각할 필요가 있다고 생각합니다." '천부'가 후세에 차명된 불교 용어이듯 '환웅'도 후세에 의해 바뀐 이름이라는 것이다.

'환웅' 이름자의 환(桓)은 환하다, 밝다, 광명의 뜻으로 하늘과 태양을 가리키며 '환웅'의 이름은 태양신을 뜻한다는 게 일반적인 설이다. 이에 따르면 웅(雄)은 글자 자체가 자웅이체의 수컷으로 두목을 의미한다는 것이다. 와중에 수컷 웅은 곰과 동음이의어로 곰(부족)을 뜻한다는 주장이 힘을 받고 있다.

"웅녀는 남편(환웅)을 숙촉조(孰燭儵)라고 불렀답니다. 숙촉조가 생김새랑 고향별이랑 다 이름자에 넣어서 지은 것이지요."

숙촉조(환웅)의 이름자는 귀문의 단선문(團扇文)으로 되어 있다. 단선문은 단군 시대에 큰무당과 왕족만 사용할 수 있던 부호문자이다.

김씨 가족의 기록에 따르면 숙촉조(환웅)는 자웅이 한 몸체인 음양인(陰陽人)이다. 눈이 세 개이고 빨간 머리위에 큰 혹이 하나 달렸으며 날개가 여섯 개이고 손이 좌우 양쪽에 두 개씩 도합 네 개였으며 발이 두 개였다. 또 꽁무니에는 긴 꼬리가 달렸다고 하니, 틀림없이 망측스런 괴물이다. 그런데 김씨 가족은 숙촉조(환웅)가 아주 잘 생긴 신이었다고 기술한다. '환웅'이 잠시 사람(남자)으로 되어 웅녀와 혼인했다고 하는 『단군고기』의 이야기를 새삼 머리에 떠올리게 된다.

괴이한 이야기는 또 하나 있었다. 숙촉조의 고향별은 물에서 불이 타오르는 곳이란다.

"숙촉조가 살고 있던 별은 하늘과 땅이 잇닿고 물만 있는 세계라고 해요. 그런데 할아버지는 그냥 '이화이생, 이수이활(以火爾生, 以水爾活-불에서 태어나고 물에서 산다)이라고 말씀하시는 겁니다."

오랜 후에야 김성찬은 비로소 할아버지가 왜 그렇게 얘기했는지 이해가 되었다.

숙촉조(환웅)는 귀청두에서 태어난 후 오리온자리의 벨라트릭스(Bellatrix)에 기거하였다고 전한다. 벨라트릭스는 쌍둥이자리의 카스토르(숙촉조의 모성-母星)와 호리병 모양의 모래시계처럼 서로 통하는 기이한 별이다. 표면 온도가 태양보다 거의 4배나 뜨겁기 때문에 청백색으로 빛난다. 그야말로 푸른 물에서 불이 타오르고 있는 형국이다.

—
별에서 내린 신 환웅의 이름, 옛 부호문자 단선문(団扇文)으로 적은 글이다.

그런데 이 불은 녹색이라고 한다. 김씨 가족에 따르면 물속에 불이 있다.

김성찬은 노트에 괴이한 글자를 적고나서 설명을 했다. 별 이름자는 입 구(口)가 상하로 놓이고 그 가운데 불 화(火)가 아래위로 둘이나 놓인 회의자(會意字)이다. "화신(火神)의 옛 고향이라는 뜻인데요. 먹는 것도 불이고 토하는 것도 불이라는 의미가 됩니다."

별 이름은 'yian'의 발음으로 불린다. 오리온자리에서 신들의 제일 큰 거주지이다.

오리온의 머리에 해당한 별 원궁(元弓)은 신들의 우두머리(衆神之首)로 되는 별이다. 천계에서 제일 고귀한 창조의 신이 이곳에 살고 있다. 하늘나라의 종합청사와 맞먹는 곳이다. 그러기에 숙촉조는 출생한 곳을 떠나 다른 별자리의 오리온에 기거하였던 것이다. (김씨 가족이 기록하고 있는 이 원궁을 천문학자들은 메이사-Meissa, λ라고 지칭한다.) 원궁은 천문(天門)의 으뜸의 별로 꼽힌다. 그래서 원궁은 또 수문(首門)이라고 부른다고 김성찬은 말한다.

"별 원궁은 천계에서 신들을 관리합니다. 오리온자리의 높은 신들은 이 별의 천문을 통해서 우리의 세계에 드나들어요."

"오리온자리에 있는 천문은 원궁이나 삼태성뿐만 아닙니다."

"신이 드나드는 천문이 있고 또 인간이 드나들 수 있는 천문이 있습니다."

천신은 일부 인간을 따로 별에 데려갔다고 김씨 가족은 전하고 있다. 이 별은 인간계에서 제일 높은 등급의 사람이 살고 있다. 수련 등을 통해 깨도(悟道)의 높은 경지에 이른 사람들이다. 그러나 그들은 신계(神界)에는 신분과 등급이 없다. 김씨 가족의 성도(星圖)에는 신이 거주하고 있는 천국과 인간이 살고 있는 천국이 따로따로 표기되어 있다. 이에 따르면 인간이 살고 있는 천국의 이 별은 오리온의 왼쪽 발에 해당한 리겔(Rigel)이라는 것이다.

오리온자리는 르네상스 시대의 천재 미술가이자 과학자인 레오나르도 다빈치가 그린 유화『살바토르 문디(구세주)』에도 나온다. 유화에서 구세주 예수는 오른손을 들어 하늘(천국)을 가리키며 왼손은 투명 구슬을 들고 있다. 이 구슬에 있는 세 별은『성경』의「계시록」에 기재한 '예수의 손에 든 일곱 별'에 대응하니 다름이 아닌 오리온자리를 암시한다.

그리고 예수의 가슴 윗부분과 아래 부분의 두 보석은 각기 백둔(白遁)과 흑둔(黑遁)을 의미한다. 백둔과 흑둔은 김씨 가족에 따르면 옛날 점성가들이 화이트홀과 블랙홀을 이르던 전문 용어이다. 또 가슴의 X자 모양의 띠는 천하(天河)를 표시하며 왕복, 영원, 무한을 상징한다. 고차원의 유전(流轉)으로 시작이자 종점이며 종점에서 다시 시작으로 돌아갈 수 있다는 것이다.

다빈치가 그린 천하(天河)를 두고 역술가들은 태극이라고 한다. 그림의 이 현상은 독일의 천문학자 뫼비이수(Mobius, 1790~1868) 등에 의해 발견된 후 또 뫼비이수 링이라고 불린다.

"우리 가족이 1만년을 전승하고 있는 잠언은 바로 그림의 이 천하(天河)와 똑같은 의미입니다." 김성찬은 가족의 잠언을 거듭 되풀이하여 외웠다. 역시 시작도 없고 종점도 없는 신기한 고리라는 것이다. "미래의 씨앗을 과거에 깊이 파묻었으니 과거의 씨앗은 현재에 또 한 번 꽃송이를 활짝 피웠니라."

아, 예수의 천국은 정말로 숙촉조(환웅)가 살고 있던 오리온자리의 별들이던가.

고대의 유화에 암시된 신기한 이야기는 시공간을 뛰어넘어 김씨 가족의 옛 기재와 그토록 서로 합치되고 있다.

1500년대 다빈치가 그린 유화 '구세주', 손에 든
구슬에 별이 그려있다.

가만, 연변조선족자치주 연길시의 동쪽에 있는 성자산은 바로 오리온자리를
그대로 빼닮은 형국이다. 산꼭대기의 바로 아래에 있는 오방 제단의 신단은 별
메이사(Meissa, λ) 즉 원궁(元弓)에 대응하며 안산(案山)은 오리온의 허리띠인 삼태
성에 해당한다. 단군부족은 또 성자산의 기슭에 왕족이나 귀족이 아닌 서민들이
군집한 마을을 따로 짓고 있었다.

유유상종(類類相從)이라고 했다. 우주 만물의 같은 기운은 서로 감응한다. 하늘
과 땅, 사람의 천지인(天地人) 합일을 다시 생각하게 된다.

옛날 옛적에 숙촉조(환웅)는 별 원궁에서 내려와 인간에게 처음 모습을 드러냈
다. 그러나 그곳은 연길시의 동쪽에 있는 성자산은 아니었다.

"숙촉조가 현신한 곳은 비낭현(羆㸚翾)이라고 합니다. 비낭현은 옛 지명인데요, 선조 월사는 이걸 귀문으로 기록해서 우리 가족에 대대로 전승하고 있습니다."

어어, 이번에는 얼결에 소리가 저절로 입 밖에 터져 나왔다. 비낭현은 북경 지역에 있던 옛 지명이란다. 아니, 숙촉조(환웅)는 원체 중국 대륙의 심장부에 살고 있었던가… 솔직히 머리 위에서 우레가 지동치고 눈앞에 하늘이 활짝 열리고 있는 듯했다.

비(羆)는 큰곰이고 낭(㸚)은 소리가 분명치 않다는 뜻이며 현(翾)은 하늘에 난다는 것이니, 비낭현은 곰부족 마을에 나타난 숙촉조(환웅)의 형상을 지명에 그려내고 있는 것이다.

과연 우연한 합치일까. 얼마 전에 북경시 남쪽의 대흥구(大興區) 황촌진(黃村鎭) 삼합장촌(三合莊村) 일대의 고대 무덤군에서 고조선의 유물이 출토된다. 중국신문망 등에 따르면 이 일대에서 북조(北朝, 439~581) 시대의 무덤 2기를 발견했으며 이 가운데서 한 무덤에서 나온 벽돌모양의 묘비에는 무덤주인 한현도(韓顯度)의 원적이 '낙랑군(樂浪郡) 조선현'이라는 명문(銘文)이 새겨져 있었다.

낙랑군은 한사군(漢四郡)의 중심지이다. 한사군은 한(漢)나라 무제(武帝)가 서기전 108년에 위만조선(衛滿朝鮮)을 정벌한 뒤 그 자리에 설치했다고 하는 군급 행정구역인 낙랑·진번(眞番)·임둔(臨屯)·현도군(玄菟郡)을 말한다.

『사기』「조선전(朝鮮傳)」 등 문헌의 기록에 따르면 연왕(燕王) 노관(盧綰)이 한(漢)나라에 반(叛)하다가 실패하여 흉노로 도망하자 그 밑에 있던 위만(衛滿)은 무리 1,000여 명을 모아 동쪽으로 패수(浿水)를 건너 상하장(上下障)이라는 곳에 정착하였다 한다. 위만이 연나라에서 들어올 때 "상투를 틀고 조선 옷을 입었다(魋結蠻夷服)"고 묘사되어 있고, 또 국호를 그대로 조선이라고 한 것으로 보아 위만은 조선인 계통의 자손으로 보인다는 게 통설이다. 이때의 조선인은 단군부족연맹의 부족인들을 가리키는 말이다.

그런데 이곳인즉 환웅이 강림하며 웅녀가 살던 곰부족과 호녀가 살던 호랑이부족의 마을이 있었던 고장이라니…

"천성술(天星術)로 신단의 방위를 정하고 구성(九星)의 팔백성(八白星)으로 위치(경도와 위도)의 참조물(參照物)을 정합니다. 별을 보면 환웅이 내렸다고 하는 비낭현의 범위를 금방 확정할 수 있습니다."

김성찬이 설명하는 말이다.

천성술은 칠성(七星)으로 방위를 정하는 술수이며 구성은 북두의 이 칠성과 이성(二星)을 합한 것이다. 구성의 여덟 번째 별이 바로 팔백성이다. 팔백성은 파군(破軍)과 무곡(武曲) 사이의 왼쪽에 있는 별로 오행의 토에 속한다. 천성술은 마을과 산 등 큰 장소를 찾는데 쓰인다. 이에 비하면 김씨 가족의 청조술(靑鳥術)은 우물이나 산을 찾을 수 있다. 김씨의 선조 월사가 일갑자(一甲子) 60년의 측정과 확인 등을 거쳐 만든 술법이며, 찾고자 하는 장소의 위치를 아주 정확하고 자세한 표기할 수 있다.

대화가 끝난 이튿날 연길에서 김성찬의 전화가 곧바로 날아왔다. 그는 한밤중에 산에 올라가서 별의 모양과 자리, 빛을 보았다고 한다.

"제가 거듭 확인을 했는데요, 신단은 분명히 북경에 있습니다. 바로 서산의 부근에요. 세월이 하도 오래 지났기 때문에 제단 흔적이 어느 정도나 남아 있을지 모르겠습니다."

그러나 김성찬은 제단자리에 단정코 흙무지나 돌무지가 일부 잔존할 것이고 거듭 말한다. 단군시대에는 흙을 덮어서 토단(土壇)을 만들거나 돌을 쌓아올려

빙천 흔적의 돌, 모식구 마을 근처의 산중턱에 있다.

석적단(石積壇)을 설치했다는 것이다.

갑자기 마음이 급했다. 신령스런 옛 제단이 어쩌면 기척소리를 들은 들짐승처럼 홀제 어디론가 몸을 숨길 것 같았다. 옛날 심마니들은 산삼을 발견하면 그 자리에서 먼저 붉은 끈으로 산삼을 꽁꽁 동여매지 않던가. 산삼이 어디론가 '도망'할까 방지하던 심마니들의 전통적인 의식이었다.

정말이지 그곳은 '도망'하기 아주 쉬운 곳이었다. 옛날부터 북경 서쪽의 길목이었다. 서부의 석탄, 나무, 돌 등 물자는 거의 이곳을 통해 북경에 들어왔다. 낙타의

목에 달린 방울소리는 날마다 해가 지도록 그칠 줄 몰랐다. 낙타의 발굽이 옛길을 맷돌처럼 반들반들하게 갈았다고 해서 북경 서쪽 변두리의 이곳을 마석구(磨石口)라고 불렀다. 마석구는 훗날 비슷한 음의 모식구(模式口)로 이름을 달리했다.

정작 모식구의 옛 기억에 역사의 흔적을 분명하게 파놓은 것은 빙천이었다. 10만 년 전 지구에서 시작된 제4빙하기의 유적은 모식구는 물론 아시아의 지질 역사에 빛나는 한 페이지를 기록하고 있다. 이 빙하기가 끝나는 무렵인 약 1만 년 전부터 신석기 시대가 문을 열었다.

그로부터 반만년이 지난 후 숙촉조(환웅)가 모식구의 산언덕에 내려오며 이로써 단군시대의 서막을 올렸던 것이다.

2절

신단수(神檀樹)에 둥근 달이 걸려 있었다오

산 어귀에 길 표식처럼 고찰이 서 있다. 명나라 정통(正統) 4년 때 태감 이동(李童)이 창도하여 이곳에 세운 선종(禪宗) 사찰이다. '불법이 무변한즉 바다처럼 끝없이 이어진다'는 의미의 '법해사'(法海寺)로 영종(英宗) 황제가 직접 사찰을 작명했다고 한다.

법해사의 동쪽에는 태평대(太平臺)라고 불리는 펑퍼짐한 둔덕이 있다. 둔덕은 일부러 쟁기로 다듬은 듯 마당처럼 반듯했다. 주변을 빙 두른 깊은 수림은 땅위에 비밀의 그림자를 길게 드리우고 있다.

"우리 가족의 옛 지도를 보면 신단은 분명히 이 둔덕에 있었어요. 둔덕에는 제단 흔적이 아직도 일부 남아 있을 겁니다."

그때 '숙촉조(환웅)' 일행을 태운 우주 비행선은 이 둔덕에 내렸다고 김씨 가족에 전하고 있다. 비행선은 대형 버스 두 개의 크기였다고 한다. 둔덕 주변에 수풀이 우거졌으나 유적은 금방 찾을 수 있었다. 돌로 쌓은 제단이 무릎 높이로 무지를 이루고 있었던 것이다. 근처에서는 또 흑요석 파편, 석기, 주춧돌 등 유물을 쉽게 만날 수 있었다. '숙촉조(환웅)'은 일갑자(一甲子, 60년) 후 다시 천계로 돌아

태평대 둔덕 근처의 수풀에 자리한 옛 제단 흔적.

갔으며 곰부족은 그가 현신했던 '천문'에 이 신단을 쌓았다고 한다. 신단의 멀리 북쪽에서 호두산(虎頭山)의 산등성이가 구렁이처럼 꿈틀거리고 있었다.

"신단은 기문둔갑으로 말하면 사문(死門)과 생문(生門)이 있는 곳입니다. 죽은 사람은 사문으로 보내고 낳은 애기는 생문에서 공양물을 올려 제사를 지냅니다."

김성찬은 제단 아래쪽의 흙을 파면 옛날의 제사 흔적을 찾을 수 있을 것이라고 부언했다. 4, 5천년의 세월 속에 희생물은 거의 부식되어도 제기(祭器)는 다다소소 남는다는 것이다. 산기슭에는 또 곰부족의 옛 마을 흔적이 있었으련만 빼

곡한 아파트와 상가, 박물관 속에서 그 무슨 발견을 포기해야 했다.

'환웅'은 태백(산) 꼭대기의 신단수(神檀樹) 아래에 하강, 현신하였다고 『단군고기』가 기록하고 있다. 그때부터 박달나무는 사람들마다 경외심을 가지는 성스런 나무로 추앙을 받고 있다.

사실상 신단수의 박달나무는 세속의 그 박달나무가 아니다.

"천신 숙촉조(환웅)가 내린 박달나무는 동국단목(東國檀木)이라고 불러요. 동쪽 나라에서 자라는 신수(神樹)를 말합니다."

김성찬은 이렇게 거듭 곱씹어 말한다.

무속(巫俗) 세계를 모르면 신단수를 잘못 이해할 수 있다. 신수(神樹)의 곡해, 와전 현상은 다른 고대 문명에도 존재한다. 신비롭고 아름다운 세계수(世界樹)는 언제부터인가 세속의 물푸레나무로 둔갑하고 있는 것이다. 세계수는 북유럽의 고대 신화에 나오는 우주나무를 이르는 말이다. 이 나무는 각기 다른 이름으로 세계 여러 지역의 여러 부족에게 성스럽고 영묘(靈妙)한 수목으로 되고 있다.

박달나무는 신선이 살고 있는 삼신산(三神山)에서 자란다고 김씨 가족이 전한다. 삼신산은 방장산(方丈산), 영주산(瀛洲山), 봉래산(蓬萊山)으로 대륙의 동쪽 바다에 있는 섬이다. 섬은 5백년에 한 번씩 물위에 잠깐 떠오르며 이때면 대륙 서쪽의 곤륜산과 무지개로 한데 이어진다고 한다. 곤륜산은 지고무상의 여신 서왕모(西王母)가 사는 서방의 낙토이다.

김씨 가족의 기록에 따르면 풍백(風伯), 우사(雨師), 운사(雲師) 세 천신은 나중에 삼신산에 갔다. 그들이 숙촉조(환웅)와 함께 천계에 돌아가지 않은 것은 부족 전쟁에 뛰어들면서 천문의 개폐 시간을 놓쳤기 때문이다. 『산해경』에 밝히기를, 황제가 응룡(應龍)에게 명하여 치우를 공격하도록 하자 치우는 풍백과 우사에게 청하여 큰 바람과 비를 내린다. 치우는 또 안개를 불러 그의 전사들을 둘러쌓는데, 이것은 운사를 시켜 술법을 쓴 것으로 보인다. 일부 옛 문헌도 풍백, 우사, 운사가 곰부족 등과 더불어 치우(蚩尤)의 부족연맹에 가담하여 황제(黃帝)와 싸웠다고 기재한다. 암튼 그들이 이때 황제와 치우의 싸움에 가담한 게 분명하다는 얘기가 된다.

풍백, 우사, 운사는 삼신산에 간 후 나무를 관리했다고 한다. 삼신산은 불로장생의 명약이 자라는 영산으로 이처럼 신수(神樹)가 거듭 나타난다.

삼신산 동쪽 바다의 끝에 있는 성지(聖地)에도 성스런 나무가 자란다. 해가 뜨는 곳에서 자라는 천계의 신수(神樹) 부상(扶桑)이다. 나무 자체가 신도(神道)이며 천계와 인간계, 명계(冥界)를 잇는다.

북유럽의 신화에 나오는 세계수(世界樹), '산해경'에 나오는 부상수(扶桑樹)와 같은 신수(神樹)이다.

『산해경(山海經)』에 따르면 부상나무는 동해의 동쪽 혹은 바다 밖의 동쪽 탕곡(湯谷)이거나 대황(大荒) 동쪽의 탕곡(湯谷)에서 자란다. 부상나무에는 10개의 태양이 기거하고 있으며 날마다 하나의 태양이 나가서 일하고 기타 아홉 태양은 나무에서 휴식하며 서로 윤번으로 일했다고 송나라 때의 역사서 『태평어람(太平御覽)』이 서술한다. 태양마다 각기 삼족오에게 실려 하늘에 올라 운행되었다는 것이다. 삼족오가 태양 안에서 사는 세 발 달린 까마귀라고 전한(前漢) 시대부터 시작된 설화와 별로 다르지 않다.

『단군고기』에 나오는 지명 아사달(阿斯達)은 바로 삼족오(三足烏)가 둥지를 짓는 부상나무의 서식지를 말한다. '환웅(숙촉조)'은 태양의 나라에서 내려온 신이며 그와 웅녀가 낳은 아들이 나중에 단군으로 된다. 그리하여 단군은 부족을 데리고 대륙의 동쪽 끝머리로 이주를 계속한다. 이에 따라 후세의 사람들은 반도에 나타나는 옛 조선의 국명을 동쪽에서 해가 뜨는 나라라고 하는 해석한다는 것이다.

김성찬은 신수(神樹)를 하나하나씩 설명을 했다.

"부상나무는 천수(天樹)로 세상에서 제일 성스런 나무입니다. 그 아래에 세 신수(神樹)인 박달나무, 계화수(桂花樹), 오동나무가 있는 거지요."

신라시대의 왕관에 바로 이 세 신수가 그려 있다. 부상나무는 천계의 최고무상의 제일 성스러운 나무이기 때문에 인왕(人王)의 왕관에는 올리지 않는다.

"부상은 기실 신의 어머니가 신의 섬(神島)에 심은 나무입니다. 이 신의 섬을 희화(義和)라고 불러요. 그래서 부상나무를 희화수(義和樹)라고도 합니다. 훗날 어머니가 이 섬에 이주해서 아들과 더불어 살았다고 합니다."

"박달나무는 땅위(지구)의 인간계와 하늘의 천계를 잇는 나무입니다." 잠깐, 『단군고기』가 왜 '환웅'을 신단수의 아래에 내렸다고 했는지를 비로소 알 수 있을 것 같다. "두루미와 노루가 박달나무 아래에서 살아요. 두루미는 바람을 일으키고 노루는 물과 풀을 생성합니다."

"박달나무는 신의 고향에서 가져와서 심은 신수(神樹)입니다. 우리는 신의 아버지 즉 천부(天父)가 준 나무라고 하는데요. 이 천부를 몽골족은 장생천(長生天)이라고 부릅니다. 몽골족의 최고의 신이지요. 창궁(蒼穹)을 영원한 신이라고 하기 때문에 부르는 이름이라고 합니다."

'창궁'은 붕어빵처럼 틀에 찍어낸 태고시대의 옛 부족 명칭을 상기시킨다.

실제 박달나무는 단군부족만 아닌 대륙 여러 부족의 신물(神物)이다. 한나라 때의 암석화에도 박달나무가 출현한다. 삼계(三界)를 그린 이 암석화는 현재 중원의 회북(淮北) 대운하 박물관에 소장되어 있다.

언제인가 인간계를 독차지하기 위한 천신과 지신(地神)의 싸움이 일어났다. 이로 하여 박달나무는 종국적으로 반나마 부러진다. 김씨 가족에 전하는 무속(巫俗) 세계의 이야기이다. 이때부터 신도(神道)를 타고 땅과 하늘의 세계를 오르내리던 인간은 힘든 윤회를 하며 영혼의 수행은 진화의 길에서 더구나 어렵게 가시덤불을 헤치게 되었다는 것이다.

"계화수는 달에 서식하는데요, 인간계와 오성(五星)을 잇는 성스런 나무입니다. 월모(月母)와 상아(嫦娥)가 살고 있다는 월궁의 월계수는 이 계화수를 이르는 말입니다. 세 발 가진 두꺼비와 옥토끼가 계화수 나무에서 살아요. 두꺼비는 달이 이지러질 때 나오는데 빛을 냅니다. 월첨서(月蟾蜍, 달두꺼비)는 그래서 나오는 이름입니다. 토끼는 달이 둥글어질 때 지면에 나오는데요. 그때마다 공이로 절구에 약을 찧어요."

"오동나무는 태양에 서식해요. 인간의 생과 사를 연결하는 성스런 나무입니다. 봉황새가 이 나무에 깃을 들여요. 봉황새는 인간에게 행복과 상서로움을 내립니다. 봉황새가 나타나면 천신이 하강하는 징조라고 하지요."

오동나무는 인간의 영혼을 관리한다. 오동나무로 악기를 만들면 인간의 영혼 각성, 성장에 도움이 있다. 천계의 성스런 나무는 종국적으로 지상의 동일한 이름의 나무에 천기(天氣)를 불어넣고 있는 것이다.

실제로 인간은 하늘과 땅의 기운을 동일한 이름의 물상(物像)에 집어넣으려 했다. 이체(異體)의 물상이 이름처럼 본체 물상의 심상(心像)도 옮겨 올 수 있기를 바랐다.

조부는 오동나무로 악기를 만들어 김성찬에게 전승물(傳承物)로 남겼다. 그런데 빌려간 친척이 한사코 되돌려 주지 않으면서 이 악기는 종국적으로 전승인의 유실물 명부에 기록된다.

김성찬은 얘기 도중에 쓴 웃음을 짓는다. "천계의 음악도 영혼 속에 있는 추악한 그림자를 지우는 게 정말 힘든 것 같아요." '장물아비'의 조카는 김성찬에게 기어이 구실을 대어 악기를 촬영하는 것마저 거부한다. 정말이지 몽둥이를 들고 길에 오른 도둑놈인들 이럴까 싶다.

어처구니가 없는 이 이야기 때문에 우리는 한동안이 지나서야 다시 『단군고기』로 돌아갈 수 있었다.

『단군고기』는 '환웅(숙촉조)'이 내린 신단수가 태백(산)에 있었다고 기술하는데, 실제로 지명 태백산은 대륙과 반도에 존재하며 다 '영산(靈山)'으로 존숭되고 있다. 태백은 또 오성(五星)의 하나로 고대 중국에서 금성을 이르던 말이다.

김성찬은 이 이야기를 나름으로 읽고 해석하고 있었다. "아무래도 「단군고기」에 기록한 태백이라는 이 지명은 후세의 사람들에게 잘못 기억된 것 같습니다. 마침 그때 호랑이부족의 족장이 태백호(太白虎)라고 불렸거든요."

그러고 보면 지명과 인명, 부족이 한데 뒤섞여 또 다른 이야기를 만들었다는 것이다.

속담에 '원수는 외나무다리에서 만난다'고 했다. 하필이면 곰부족이 시봉한 천신 환웅(숙촉조)이 '태백'의 호두산에 내렸고 이맘때 호랑이부족이 시봉한 무명의 천신은 바로 호두산의 맞은쪽인 청룡산에 나타났다. 곰부족과 호랑이부족은 이웃한 부족으로 생활 영역이 서로 연접하여 맞닿는다. 청룡산 기슭에는 천신이 내렸던 천문의 동굴은 아직도 잔존하는데, 원나라와 명나라 때의 어느 유적지로 세인들에게 알려져 있다.

동굴의 옛 이름은 단군시대에 확란서(玃栏闆)라고 불렸다고 김씨 가족에 전한다. 확란서는 확(玃)을 잃은 난간, 우리라는 의미이다. 확(玃)은 약 1백 년 전에야 비로소 아프리카 오지의 삼림에서 발견된 기린 모양의 희소한 포유동물을 이른다. 저쪽 대륙의 기이한 이 동물은 상고시대에 벌써 이곳 청룡산의 동굴에 나타났던 것이다. 그러나 동물 확은 더는 옛 동굴에서 아무런 흔적도 더는 찾을 수 없다. 동굴 암벽에는 정운동(停雲洞)이라는 글이 새겨 있으니, 하늘의 구름도 늘 여기서 잠깐 걸음을 멈추고 그림자를 비꼈던가.

동굴 근처의 사당 입구에는 옛날 말과 거북이 조각상이 좌우로 옹위하고 있었다. 말과 거북이의 동시 출현은 하도(河圖)와 낙서(洛書)를 몸에 그리고 황하에서 나타났던 용마(龍馬)와 신귀(神龜)를 연상케 한다. 하늘과 땅, 순행과 역행, 과거와 미래, 생과 사의 이치를 알린 팔괘는 이렇게 생기지 않았던가.

그러나 용마 석상은 누군가 도굴했고 신귀 석상은 목이 떨진 상태이다. 그리하여 하늘에서 천벌이 내렸던가. 사당에는 언제인가 벼락이 떨어졌고 이로 하여 근처의 고목 밑동은 시커멓게 타서 구새가 생겨있다.

각설하고, 천문의 동굴은 용과 호랑이가 보혈을 둘러싼 형국으로 지운산월도(地運山月圖)를 그린다. 위쪽 수풀 속에는 또 옛 글자를 음각한 바위가 우뚝 서있다.

김성찬은 이 바위가 바로 풍수에서 말하는 골혈(骨穴)의 위치에 놓여 있다고 말한다.

천문의 동굴 위쪽 수풀 속에 서 있는 골혈의 바위, 정시문이라고 쓴 옛글자가 새겨있다.

"'정시문(正鳲門)'이라는 글자를 새긴 이 바위는 풍수에서 용안(龍眼)을 제압해서 기운(氣運)이 흩어지지 않도록 합니다."

호두산과 청룡산은 각기 우백호와 좌청룡의 위치이다. 이 두 산을 각기 옆구리에 낀 팔대처(八大處)는 북경의 굴지의 명소이다.

옛 기억은 세월 속에서 유실되고, 잃어진 퍼즐을 억지로 맞춘 그림은 더는 본색의 원화(原畵)가 아니다. 김성찬은 『단군고기』의 적지 않은 지명과 인명은 태백의 이름과 마찬가지로 혼용되거나 왜곡되어 있다고 말한다.

"삼위(三危)는 천벌을 받는 사람을 보내는 곳입니다. 하늘의 벌을 받는 인간을

—
전국시기의 갑
골문. 일반적
으로 신시(神
市)의 저자 시
(市)로 판독하
고 있다.

버리는 지역을 말하는 겁니다.”

'환웅(숙촉조)'은 '신시(神市)'를 연 후 이곳에서 인간 세계를 다스리고 교화하였다고 전한다. 『단군고기』의 이 기록의 참뜻을 인제야 알 수 있을 것 같았다. 이 저자 시(市) 부호문자는 여러 조대를 거쳐 변화하여 한나라 때 비로소 오늘의 한자(漢字) 형태를 이뤘다. 시초의 상형(象形)의 문자는 기실 귀문(鬼文)의 조문(鳥文) 일종으로 된 부호였다. 이 조문은 쉽게 하늘과 통하는 글이라고 말한다. 옛 부호문자 시(市)는 집중하여 거래를 하는 장소가 아니라 경계를 이뤄 가둔 울타리(圈)를 가리키는 말이며 경우에 따라 밥을 짓거나 국 따위를 끓이는 솥 정(鼎)으로 해석된다.

인간은 교화를 받아야 한다는 '지구의 감옥설'을 다시 연상케 하는 대목이다. 이에 따르면 동물원은 동물을 가둔 감옥이 듯 지구는 인간을 가둔 감옥이며 우주는 지구를 가둔 감옥이라는 것이다.

“지구는 천신이 인간을 노예나 죄인처럼 가둬넣은 울타리(圈)이고 이들의 잘못과 죄과를 고치며 영혼을 정련(精鍊, 수련)하는 솥입니다. 그런데 인간은 그냥 자신을 만물의 영장이라고 간주하면서 시건방을 떨어요.”

김성찬은 『단군고기』에 등장하는 다른 이름도 하나하나 설명을 했다. 환웅(숙촉조)의 아버지라고 하는 환인(桓因)은 오리온자리의 원궁(元킁)에 살고 있는 천계의 제일 고귀한 창조의 신이라는 것이다. 환웅(숙촉조)이 거느리고 내렸다는 무리 삼천 명은 실은 그가 하강한 후 데리고 있었던 곰부족의 동네 사람들이다. 풍백(風伯), 우사(雨師), 운사(雲師)는 환웅(숙촉조)의 형제(동료)이다.

이때 『단군고기』에 나오는 많은 지명은 대륙의 엉뚱한 곳에서 나타나고 있었다. 뒷이야기이지만, 일부 지명은 삼성퇴(三星堆)의 유물에도 다시 등장한다. 삼성퇴는 대륙의 오지에 있던 또 다른 고대 문명의 유적지이다.

"백악산(白岳山)은 대륙 남부 해변의 고장인데요. 단협국(単峡国)에 있습니다. 「산해경」의 지도에 이 이름이 나옵니다. 지금의 베트남 지역인데요. 이곳에서 건진 조가비가 단군시대에 돈으로 사용되었다고 합니다."

"장당경(藏唐京)은 대륙 남부의 오축국(鄒鼈国)에 있던 지명입니다. 지금의 미얀마 지역에 있는데요, 상아는 이곳에서 나온 겁니다. 옛날에는 무역의 큰 중심지였다고 합니다. 한나라 때에도 상도(商道, 무역도로)가 여기까지 통했다고 합니다."

"궁홀산(弓忽山)은 백두산의 다른 지명입니다. 옛날에는 수련, 수행을 하는 곳으로 삼았지요. 아, 백두산 기슭의 내두산(奶頭山)에 청룡장의 이무기 이야기가 있지요? 그러고 보면 이 이야기도 선인(先人)들이 허망 꾸며낸 게 아닌 것 같습니다."

그럴지라도 설화는 구전되면서 부분적 혹은 전체적으로 변형을 하게 된다. 실제로 단군의 이야기는 후세에 다시 문자로 되고 또 이 기록을 판독하는 과정에서 자의든 타의든 상당수의 의미가 바뀌어 읽혀졌다. 아직도 많은 사람들은 고기에 쓰인 불교나 도교의 용어가 단군시대 후 비로소 생성된 어휘라는 걸 망각하고 기어이 불교나 도가의 사상과 안목으로 『단군고기』를 판독하고 있다.

김성찬은 이야기를 하다가 한심하다면서 혀를 연신 찼다. "「단군고기」에는 틀리게 쓰인 지명이 있어요. 시초의 지명은 단정컨대 절대 평양(平壤)이라는 이 이름이 아닙니다."

3절

⟨⟨⟨⟨⟨⟨

두꺼비가 엎드린 단군의 태양릉(太陽陵)

잎이 싱싱하게 돋았지만 푸르지 않는다. 연꽃이 활짝 만개했지만 향기는 없다. 웬 커다란 두꺼비가 땅에 넙적 엎드린 채 향기로운 연꽃을 입에 물고 있다.

김성찬은 손가락으로 짚어가면서 사진 속의 풍수지형을 하나하나 설명했다.

대동강으로 흘러드는 지류의 구불구불한 강줄기가 두꺼비의 뒷다리를 이룬다. 남쪽으로 타고내린 용맥은 두꺼비의 골격을 형성한다. 두꺼비가 엎딘 형국의 이 산맥을 옛날에는 '무엽지산(無葉地山)'이라고 불렀다. 두꺼비의 입에 물린 연꽃의 산발을 지나 남쪽으로 더 내려가면 갑자기 넓고 평탄한 땅이 펼쳐진다. 드넓은 평양벌이다. 단군시대에는 평양벌에 세운 성읍을 무엽성(無葉城)이라고 불렀다고 한다.

"두꺼비는 달을 상징하고 연꽃은 재생을 상징하지요. 달은 또 죽음이 있는 영속의 삶을 표시합니다."

단군부족은 백두산 지역에서 반도에 이주한 후 무엽지산 기슭에 정착했다. 나중에 마지막 단군도 무엽지산에 묻혔다. 무엽지산은 훗날 무엽산이라는 지명으로 바다를 건너 대륙의 옛 문헌에 기록되어 있다.

『삼국유사』의 「고조선·왕검조선(王儉朝鮮)」에 실린 이야기를 펼쳐본다.

「위서(魏書)」에 이렇게 말했다. "지금으로부터 2,000년 전에 단군 왕검이 있었다. 그는 아사달(阿斯達, 경(經)에는 무엽산(無葉山)이라 하고 또는 백악(白岳)이라고도 하는데 백주(白州)에 있었다. 혹은 또 개성(開城) 동쪽에 있다고도 한다. 이는 바로 지금의 백악궁(白岳宮)이다)에 도읍을 정하고 새로 나라를 세워 국호(國號)를 조선(朝鮮)이라고 불렀으니…"

고조선 건국과 그 도읍지에 관해서는 아직도 이런저런 설이 난무한다. 이 가운데서 종국적으로 중국의 한(漢)나라에 밀려 멸망한 고조선의 수도가 평양이었다는 설이 힘을 받고 있고 있다. 또 단군 왕검이 세운 고조선에 이어 상(商)나라 사람인 기자(箕子)가 세웠다는 나라의 도읍지가 평양이었다는 것이다.

그리하여 천여 년 후 조선시대의 학자 권근(權近)은 시에서 '기자의 유허(遺墟)에 땅이 평평한데/큰 강이 서쪽에서 꺾여 외로운 성을 안았구나. 뽀얀 물결은 아득히 하늘까지 이었고/모래의 물은 밑바닥까지 해맑아라.'라고 평양을 쓰고 있는 것이다.

기자는 서기전 1100년경부터 서기전 194년까지 고조선 지역을 지배했다고 알려져 있는 인물이다. 실제로 기자 조선이 있었는지는 확실치 않다는 것이 학계의 통설이다.

"새는 날아가도 울음소리를 남긴다." 정작 무엽성은 평양에 별로 흔적을 남기지 않았다. 16세기 말 평양의 법수교(法首橋)의 옛 비석에 언문도 아니고 범문(梵文)도 아니며 전자(篆字)도 아닌 글자가 있었는데 사람들이 알 수 없었다고 『평양지(平壤誌)』가 전한다. 기술된 형태를 보아 이 글자는 분명히 환웅(숙촉조)가 전수했던 천부삼인(天符三印)의 일종으로 판단된다. 천부삼인은 훗날 단군이 전수 받으며 또 그가 단군부족에 상당 부분을 전수하였다.

단군의 나라는 서기전 795년에 멸망했다고 김씨 가족이 기록한다. 단군부족은 계속 남쪽으로 이주하며 김성찬의 족속(族屬)인 늑대부족도 미구에 경주 부근에 정착하였다.

1만여 년 전 대륙에서 탄생된 고대 부족은 드디어 반도 남부의 경주에서 부활한다.

서기전 57년 박혁거세(朴赫居世)는 경주 지역을 다스리던 여섯 촌장의 지지를 받아 신라의 초대 임금으로 추대된다. 그 후 김알지(金閼智)가 신라의 왕위를 이어받는데, 그는 바로 경주를 본관으로 하는 김씨의 일파이다.

반도의 성씨는 삼국시대 때 한자(漢字) 등 문물 수입과 함께 중국에서 도입되었다는 게 통설이다. 아무튼 단군부족 즉 멧돼지부족은 나중에 박씨와 정씨 두 성씨를 이루며, 늑대부족은 경주 김씨로 되었다. 멧돼지부족과 늑대부족은 치우(蚩尤)가 황제(黃帝)와 벌인 탁록대전(涿鹿大戰) 때 부족연맹에 가입하여 어깨를 겯고 함께 싸웠던 가까운 이웃이다. 그들은 나란히 반도에 진출한 후 한 지역에서 생활했고 종국적으로 모두 신라의 왕족으로 되는 것이다.

그러나 옛 부족의 이름은 상고시대의 무엽성처럼 미구에 사람들의 기억에서 영영 멀어진다.

늑대부족의 족장은 신라 땅에 몸을 두지 않았다. 경주 남쪽의 김해에 가서 가야국의 국사로 되었다. 그가 박씨를 시조 임금으로 삼은 신라를 기피한 데는 터놓지 못할 속사정이 있었다. 늑대부족의 족장은 백두산에 이주한 얼마 후 단군이 전승하고 있던 천부인(귀청문)의 전부를 수단을 부려 독차지하였던 것이다. 그때부터 천부인의 종맥(宗脈)은 단군부족을 떠나 늑대부족 족장의 일맥으로만 이어지고 있었다.

"귀청문(천부인)은 하늘의 신이 우리 인간에게 하사한 선물이지요." 김성찬은 할아버지가 버릇처럼 되뇌던 이야기를 거듭 곱씹었다."

"늑대부족의 전승물로 되었고 종국적으로 우리 가족의 것으로 된 거지요."

무엽성의 옛 땅위에 평양이라는 지명이 나타난 것은 단군의 나라가 멸망한지 수백 년이 지난 후였다.

고구려 고국원왕(故國原王)은 334년 평양성을 견고히 수축, 남진정책의 근거지로 삼았다. 427년 장수왕(長壽王)이 평양으로 천도함으로써 그 후 고구려의 멸망 때까지 약 240여 년간 수도로 번성하였다. 장수왕 당시의 평양성은 지금의 평양 동북의 안학궁(安鶴宮)을 중심으로 한 것이었으나 그 뒤 지금의 평양을 중심으로 장안성(長安城)을 축성하고 586년 왕궁을 이곳으로 옮겼던 것이다.

약 6백 년 전까지 이곳에 존속하였던 무엽성은 이로써 새 지명의 평양에 종적이 묻힌다.

그러나 단군의 무덤은 분명히 평양 근교에 존재하고 있었다고 전한다. 역사적으로 『고려사』, 『신증동국여지승람(新增東國輿地勝覽)』, 『조선왕조실록』, 『승정원일기(承政院日記) 등에 기재되어 있다. 관련 기록에 따르면 고려 때부터 조선시대에 이르는 수백 년 동안 강동의 단군묘 보수와 제사를 받았다는 것이다. 1993년에 발굴, 개건하여 이듬해 피라미드형의 무덤을 공개하기 전에는 단군 무덤의 석비를 제외하면 그 형태는 반도에서 흔히 볼 수 있는 흙 봉분의 무덤이었다.

단군릉이라고 하는 1946년의 봉분 사진.

무엽지산은 예로부터 주변에 고분이 적지 않았다. 일찍 1910년대 강동군의 남쪽 만달산(晩達山)에서 고구려 고분군이 발견되었다. 만달산은 곳곳에 동굴이 있고 영천이 솟으며 약초와 버섯이 많이 난다고 하는 곳이다.

단군의 무덤은 평양시 강동군 문흥리(8·15 광복 전 강동군 강동면 문흥리)에서 발굴되었다. 문흥리는 마지막 단군의 무덤이 있다고 하는 무엽지산의 강동읍과 4㎞ 정도 떨어져 있다. 무덤에서 발굴된 대박산은 박달나무가 많은 산이라는 의미이니, 지명부터 박달 임금이라는 단군의 이름에 접합하는 듯 했다. 박달산의 무덤에서 왕과 왕비로 보이는 두 유골이 발견되었는데, 북한은 '전자스핀 공명법'이라고 하는 방식을 적용해 5011(±267)년 전의 단군의 뼈가 확실하다고 발표했다.

뒤미처 현지에서 발굴한 무덤 유적을 개건했다. 이때 고구려 장군총의 모습을 본뜨라고 고 김일성 주석이 직접 지시했다고 한다. 그리하여 '단군릉'은 절두의 계단식 피라미드 모양의 적석총으로 되었다. 장군총이 7층으로 된데 비해 '단군릉'을 9층으로 쌓아올린 것은 9라는 숫자를 가장 높고 상서로운 수로 여겨온 관습을 살린 것이라고 한다.

그리고 보면 발굴지인 강동군 문흥리는 원체 글을 잘 아는 사람이 많아 마을이 흥한다는 뜻에서 지은 고장 이름인데, 대박산에서 발견된 단군의 능으로 하여 마침내 '대박'을 터뜨린 것이다.

그러나 5천 년 전의 단군의 무덤이라는 자체는 말이 안 된다. 초대 단군의 건국한 서기전 2333년에 비해 무려 수백년이나 앞선다. 그리고 단군부족은 대륙의 중부에서 동부로 다시 반도로 이주를 거듭한 부족이다. 초대 단군의 무덤이 반도에 있었을 가능성이 아주 희박하다는 이야기이다. 또 『환단고기』의 기록으로 볼 때 단군릉의 주인이 초대 단군이 아닌 제5대 단군이라고 한다면 북한이 발표한 것보다 천년이나 앞선 연대가 된다.

강동읍 현지에는 만달산의 고분군에서 '단군'이 발굴되었으며 미구에 이 '단군'의 유골이 '단군릉'에 옮겨졌다는 소문이 나있다. 앞뒤의 이야기를 들어보면 '단군릉'의 실체에 대한 이야기를 허술하게 풍문으로 흘려버릴 게 아니다. 게다가 '단군릉'에서 출토되었다고 하는 금동 장식품 등으로 미뤄 유골은 고구려 때의 것임이 더욱 확실한 것 같다. 그러나 고조선 시기의 무덤인지는 분명하지 않더라도 여전히 '전(傳) 단군릉'으로서 역사적 가치가 있다고 학자들은 입을 모은다.

만달산 고분군의 지형 사진을 본 후 김성찬은 고분군이 왕실이나 귀족의 무덤이며 풍수학적으로 왕을 넣을 묘소가 아니라고 거듭 말한다. 단군의 무덤에서 발굴되었고 하는 유골 자체는 기어이 연대 측정을 하지 않더라도 단군의 유골이 아니라고 금방 확정을 지을 수 있다는 것이다.

"한 무덤에 부부가 저렇게 가지런히 있다니요? 단군시대에는 왕과 왕후를 한

묘소에 넣지 않았다고 합니다. 왕자와 공주는 또 따로 능을 짓고 묻었다고 하는 데요."

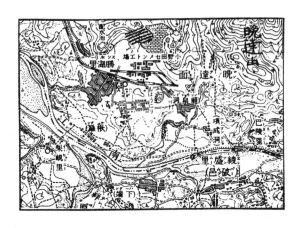

1917년 고구려고분이 발견된 평양 북부의 만달산.

실제로 반도 남부에 있던 후세의 가야국도 그러하다. 김해에 있다고 하는 가야국의 왕릉은 진위 여부를 떠나서 역시 왕과 왕비를 따로따로 안치하고 있다. 왕릉과 왕비릉은 한 곳에 있지 않는 것이다. 게다가 왕과 왕비의 능을 같은 언덕(산)에서는 아래와 위로 왕상하비의 형태로 조성하는 기존의 무덤 배치와 어긋난다. 허황옥(許黃玉)의 왕비릉은 또 김수로(金首露)의 왕릉보다 더 높은 곳에 자리를 잡고 있다.

단군시대의 무덤 역시 일반적인 무덤 배치의 상식을 떠나고 있다. 땅위에 봉분(능)을 만들지 않는다. 산언덕이나 산마루가 아닌 골짜기에 무덤 위치를 잡았다. 산마루는 산등성이는 통상 시간이 흐를수록 땅으로 계속 꺼져 내린다는 것이다.

김성찬의 조부 무덤도 어느 산골짜기에 있다. 월사(月師)인 조부가 직접 정한 묘소이다.

"마지막 단군의 무덤은 평양성의 동북쪽에 있어요. 무엽지산의 태양골이라고 하는 산골짜기이지요. 산의 형국을 보면 두꺼비의 오른쪽 어깨에 위치합니다. 왕비릉은 달골이라고 하는 산골짜기에 있는데요. 두꺼비의 왼쪽 어깨에 위치합니다."

단군은 태양신의 자손이며 따라서 무덤은 태양릉이라고 한다. 능은 팔군산(八君山)과 사자산(四子山)에 둘려 있다. 전후좌우에 또 사상(四象) 즉 현무, 주작, 용, 호랑이의 조형물을 설치하였다. 능의 위를 흙과 돌로 덮은 다음 다시 그 위에 소나무를 심는다. 골짜기에 만든 지하 무덤인 것이다.

평양 강동읍 부근의 무엽산. 파란 동그라미의 중심에 단군의 태양
릉이 있다. 아래쪽의 빨간점은 태양릉을 지키던 옛마을 위치이며
노란점은 왕실과 무관, 무관의 무덤 위치이다.

"태양릉은 5층의 계단식 제단으로 되어있습니다. 위로부터 아래로 초년, 청년, 중년, 만년, 입토(入土)의 형태입니다. 사망한 단군은 제일 위의 제단에서 하늘로 올라가요."

신기하게도 후세의 장군총도 태양릉과 비슷한 기단 계단식의 절두의 피라미드 모양이다. 정말로 인간의 천성은 원래 별로 큰 차이가 없기 때문일까. 사실인즉 저쪽 대륙의 마야인의 피라미드도 이런 생김새와 건축 양식으로 층층이 단을 쌓아 만들었고 또 제단의 평평한 맨 꼭대기에 석조물을 지었던 것이다.

단군부족의 왕족과 문무 관원들의 무덤은 왕릉, 왕비릉이 있는 무엽지산과 따로 떨어져 있다. 연꽃을 이룬 산발의 동쪽 산줄기에 자리한다.

"두꺼비의 입 언저리에 해당한 산자락에는 또 옛 마을이 있습니다. 태양릉과 왕비릉을 수비하는 단군부족의 마을이지요. 2천년을 넘는 오랜 세월이 지난 후라서 이곳에 아직도 마을이 있을지 정말 궁금합니다."

김씨 가족의 기록에 따르면 마지막 단군은 무엽지산 기슭에서 156살의 나이를 살았고 사망한 후 무엽지산의 산신으로 되었으며 미구에 부름을 받아 곤륜산에 갔다고 한다.

김성찬은 또 다른 단군의 비밀을 밝혔다. 무엽지산은 이집트 왕가의 계곡처럼 여러 왕릉이 집중된 곳이라는 것이다. 부근의 박달산에 제5대 단군의 무덤이 있다고 한 『환단고기』의 기술은 그 누가 멋대로 함부로 꾸며낸 게 아니었다.

그러나 제1대 단군 즉 원시조의 단군무덤은 분명히 반도가 아닌 대륙에 있었다.

"압록강 북쪽의 산골짜기에 있는데요. 이 산은 단군시대에는 후야금산(后夜金山)이라고 불렀다고 합니다."

김씨 가족이 전승하고 있는 단군시대의 이야기이다.

후야금산이라는 후야 즉 한밤중에서 아침까지의 동안 금점꾼들이 순번을 바꿔 땅속의 금맥을 캔다고 해서 지은 이름이다. 산 자체는 깃을 펴고 하늘을 나는 기러기의 형국이다. 정작 현지에는 기러기가 아닌 봉황이 내려앉고 있다.

전설에 따르면 당나라 정관(貞觀, 627~649) 연간 이세민(李世民)이 어가를 타고 순유(巡遊)를 하다가 이 산에 이르렀다. 그는 봉황이 조상에게 절을 했다는 전설을 듣고 이 산에 봉황산이라고 하는 이름을 하사했다. 이 이름이 지금까지 그냥 현지의 사람들에게 불려 대대로 전해 내려온 것이란다. 나중에 부근에 일떠선 성읍은 이 이름을 빌려서 봉성(鳳城)이라고 불렸다.

옛날 후야금산의 기슭에는 단군부족이 살던 마을이 있었고 마을에는 반인반신(半人半神)의 성인(聖人)이 살고 있었다. 김씨 가족의 기록에 따르면 그는 바로 환웅(숙촉조)과 웅녀의 아들로 단군부족의 군주였고 단군의 나라 임금이었다.

"그때 마을 사람들은 다른 부족은 물론이고 일반인들은 아예 단군(군주)의 거처에 접근하지 못하도록 금지했다고 합니다."

그러고 보면 봉황이 내려앉아 절을 올린 것은 기실 성인이 있었기 때문이던가.

후야금산의 마을에서 시작되는 옛 역로(驛路)는 돈화(敦化, 연변조선족자치주의 서북쪽 끝머리의 도시) 등 중간 역참을 통해 백두산 산정까지 이른다. 뒷이야기이지만, 백두산에는 후대의 단군 1명 그리고 그의 왕후와 비 2명의 능이 각기 있다.

어느덧 단군은 신화의 인물로 되었고 인간과 신이 한데 어울렸던 이야기는 신화의 세계에만 존재하고 있다.

제5장

삼성산의 여덟 부족과 신족(神族)의 집단무덤

산에 막 오르려는데 갑자기 웬 뱀이 발치까지 굼실굼실 기어왔다. 내장이 다 들여다보일 정도로 샛말갛게 생긴 기이한 뱀이었다. 무슨 징조인가를 예시하는 이상(異象)인 것 같았다. 아니나 다를까, 급기야 하늘이 흐리더니 얄궂은 비가 질금질금 내렸다.

그날 우리의 답사 현장은 탁록대전(涿鹿大戰) 후의 치우(蚩尤) 부족연맹 집단무덤이 있는 곳이었다. 탁록대전은 치우와 황제(黃帝)가 탁록의 평야에서 벌인 전쟁이다. 상고시대 중국 대륙에서 벌어진 마지막 대전이었다. 한나라 때 사마천(司馬遷)이 『사기(史記)』에 기록하며 이에 앞서 선진(先秦) 시기의 『산해경(山海經)』에 최초로 등장한다.

김씨 가족의 기록에 따르면 탁록대전 후 치우(蚩尤)의 부족연맹은 산에 집단무덤을 지었다고 한다. 그리고 큰무당은 또 무덤 근처의 산에 글들을 남겼다는 것이다.

"하늘의 삼태성과 대응하는 산입니다. 그래서 삼성산(三星山)이라고 부른다고 합니다."

하북성 탁록현의 현지인들은 삼성산이 아닌 필가산(筆架山)이라고 부르고 있

세 봉우리의 삼성산, 오른쪽 봉우리의 기슭에 신족 등 아홉 부족의
집단무덤이 있다.

었다. 산의 세 주봉은 옛날 문인들이 사용하던 붓걸이와 흡사하다는 것이다. 좌우 두 봉우리가 주봉보다 약간 낮으며 주봉과 각기 비슷한 거리로 사이를 두고 있다.

정작 필가산은 현세에 치우가 아닌 황제의 전설 이야기를 전하고 있다. '역사는 승자의 기록'이라는 말이 빛을 발하는 것은 바로 이러한 경우를 말하지 않을까.

"어느 날 황제는 수하를 데리고 성을 나와 거닐었다. 멀리 서쪽에 나란히 솟아있는 세 봉우리가 유난히 눈에 뜨였다. 가운데가 높고 양쪽이 낮으며 움푹하게 패인 이 산은 대뜸 황제의 흥미를 끌었다. 세 산 모양의 기물을 탁상에 놓으면 붓을 건사하는데 맞춤하지 않겠는가. 미구에 황제는 장인에게 명하여 나무와 도자기로 세 산봉우리 모양의 기물을 만들게 했으며 이런 기물을 붓걸이라고 작명했다. 탁록성 서쪽의 세 봉우리의 산은 이때부터 '붓걸이의 산(筆架山, 필가산)이라고 불렸다."

벼랑에 다달을 무렵 비가 문득 그치고 하늘이 활짝 열렸다. 정말 거짓말 같았다. 바로 그때 김성찬은 벼랑의 암벽에 그려진 수문자(水紋字)를 발견하는 것이다. 수문자는 물기가 있어야 글자 모양이 나타나며 해가 비쳐야 읽을 수 있다. 물무늬와 빛 그림자를 이용한 부호문자로 지도처럼 장소의 위치 등을 기록하는데 쓰인다. 홈 무늬와 빛 그림자를 이용한 광영자(光影字)와 같은 계열의 옛 부호문자이다.

삼성산 부호문자의 벼랑 앞에 서 있는 김성찬. 벼랑의 구멍(점)이 부호문자이며 반듯한 바위에는 또 수문자가 있다. 근처에 치우부족연맹의 집단무덤 유적이 있다.

김씨 가족이 전승하고 있는 말뼈 화석의 부호문자 고문(蠱文), 일부 학자들은 옛날 사냥꾼이 수렵물 수량을 기록한 부호라고 엉뚱하게 해석한다.

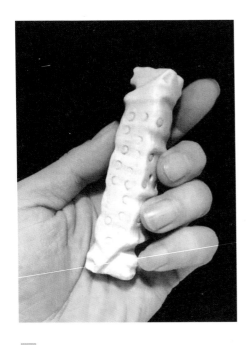

사면이 그림인 음양도, 음산산맥 북쪽기슭 청해성에서 발견된 옛 유물이다. 말과 양 합체의 옥돌에 새긴 점무늬 부호문자는 연산(連山) 역을 뜻한다.

맙소사, 치우는 하늘 저쪽에서 우리의 답사 일행을 쭉 지켜보고 있었던가…

치우 부족의 큰무당은 필가산 즉 삼성산 오른쪽 산의 벼랑 위쪽에는 상하 일렬로 된 점무늬(구멍), 아래쪽과 왼쪽에 점무늬를 도합 아홉 개 새기고 있었다. 또 벼랑 아래의 반듯한 바위에는 물무늬의 그림을 그리고 있었다.

물무늬의 수문자는 아주 희소하지만 점무늬의 그림문자는 갑골문에도 자주 나타난다. 그러나 수문자는 물론이고 갑골문의 점무늬의 그림이 아직 부호문자로 인식되지 않고 있는 사학계의 현 주소이다.

탁록대전 등 치우부족의 이야기는 점무늬 그림의 글로 갑골이나 말발굽 모양의 화석에 새겨서 여러 부족에 기록, 전승하고 있다. 이 가운데서 화석은 진흙으로 말뼈를 감아서 땅속에 넣어두는 등 비법으로 짧은 시일 내에 만든 것이다.

김성찬은 가족의 내밀한 이야기를 이렇게 밝혔다.

"점무늬의 그림문자를 고문(蠱文)이라고 하는데요. 속말로 조곡(粗谷)이라고 부릅니다. 귀문(鬼文) 44(局, 종)의 제17국 부호문자입니다. 치우부족 계통의 부호문자 일부입니다."

고문은 배열과 위치, 조합, 크기 그리고 각도에 따라 각기 다른 의미로 읽히며 단 몇 개의 부호가 서로 다른 의미의 수백 자 심지어 수천 자의 글을 생성한다.

고문은 청호(靑狐)부족에 전달된 산적(山籍)에 처음 나타난다. 산적은 토·금·수·목·화 5성을 표시하는 다섯 색상의 여러 점무늬의 그림으로 되어있다. 김씨 가족의 기록에 따르면 삼족오가 이 글을 맨 처음 청호부족에 전수했고 후에 또 환웅(숙촉조)에 의해 곰부족에게 전수되었다. 청호부족은 대륙에서 반도를 지나 열도에 이주했던 태고시절의 선민(先民)으로 약 2만 5천 년 전부터 약 1만 3천 년 전까지 존속했다.

산적의 고문은 하도(河圖)와 낙서(洛書)에 또 그림으로 출현한다. 상고시대 낙양

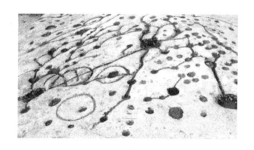

대륙의 구자산(具茨山) 암석화에 그려있는 고문(蠱文), 천부인의 귀문(鬼文) 일종이다.

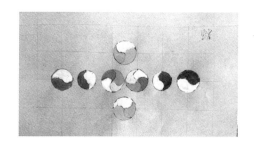

하도와 낙서와 가지런히 있는 산적, 오색의 점무늬로 되어있다.

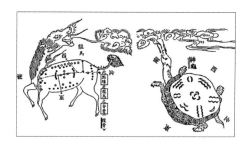

용마와 거북이의 몸에 그려진 하도와 낙서.

(洛陽) 경내의 황하(黃河)에서 용마(龍馬)가 떠올랐는데, 몸에 '하도'를 지니고 와서 복희에게 바쳤다. 복희는 이것에 의해 역(易)의 팔괘를 만들었다고 한다. 또 전하는데 의하면 하(夏)나라 때 낙양 서쪽의 낙녕현(洛寧縣) 낙수(洛水)에서 신귀(神龜)가 떠올랐는데, '낙서'를 등에 업고 와서 대우(大禹)에게 바쳤다. 대우는 이것에 의해 천하를 다스리는 대법(大法)으로서의 『홍범구주(洪範九疇)』를 만들었다고 한다.

사실상 산적은 물론이고 하도와 낙서도 모두 삼족오가 가져와서 전수한 것이다.

산적이 기운도(氣運圖)라면 하도와 낙서는 각기 하늘과 땅의 천기도(天機圖)이다. 하도와 낙서는 송나라 때 그림으로 복원되었다. 그러나 이때는 인간에 의해 변화, 변형된 것이라고 김성찬은 거듭 말한다. 원형(原形)은 그때부터 자의든 타의든 세상에 잘못 전달되고 있다는 것이다.

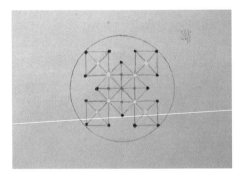 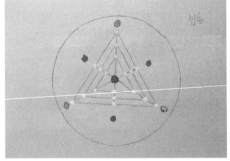

김씨 가족에 전승하는 하도(河圖)의 원형, 바둑놀이 '낭흘양(狼吃羊, 늑대의 양 잡아먹기)'와 유사하다. 역경의 표시도이다.

김씨 가족에 전승하는 낙서의 원형.

그러나 후세의 하도와 낙서 역시 그냥 점무늬 그림의 고문 본바탕을 전승하고 있다.

"어, 복희는 하도, 대우는 낙서의 글을 읽고 깨도를 한 것이네요."

그때 태양신은 사자(使者)인 삼족오를 통해 부족 수령인 복희와 대우에게 부호문자로 글을 적어 하늘의 계시를 주었던 것이다.

중화문명의 기원은 궁극적으로 단군신화와 마찬가지로 천부인(귀청문)에 그 비밀이 숨겨 있다. 그런데 이 비밀의 열쇠를 김씨 가족 다시 말해서 조선(한)민족이 장악하고 전승하고 있는 것이다. 말 그대로 조선(한)민족은 천손(天孫)의 민족이며 하늘의 사명을 받았다는 얘기이다.

귀문(鬼文)은 각기 대륙 여러 지역의 여러 부족에 다다소소 사용되고 있었다. 이 가운데서 점무늬 그림의 고문은 치우부족 계통의 부호문자로 그들에게 애용되었다.

몇 해 전 동굴 탐험가들이 삼성산 아니 필가산을 일부러 찾은 것은 치우부족의 유적지라는 소문 때문이었다. 그때 벼랑의 큰 동굴에는 돈대가 있었으며 여기에는 점무늬 그림의 고문을 새긴 화석이 12개 놓여 있더란다. 그러나 탐험가들인들 이때 점무늬 그림인즉 부호문자인 것을 어찌 알았으랴! 그들은 나중에 화석들을 무게로 달아서 7,900위안의 가격으로 약방에 팔았다. 동물의 뼈 화석은 맛이 달고 성질이 평하여 심경(心經), 심포경(心包經), 간경(肝經), 신경(腎經), 대장경(大腸經)에 작용하며 처방전에 널리 쓰인다. 뒤늦게 사연을 알게 된 김성찬이 부랴부랴 약방을 찾았을 때는 화석이 벌써 가루 모양으로 분쇄된 상태였다.

김성찬은 이 일을 말하면서 연신 한숨을 톺았다. "치우부족의 큰무당은 점무늬 그림의 이런 화석을 부족연맹의 스물아홉 부족에 도합 32개 남겼다고 합니

다. 우리 부족이 전승하고 있는 것은 이 가운데서 세 개 뿐이지요. 작은 부족에게
는 단 한 개도 전수되지 않았다고 합니다."

삼성산의 벼랑에 쓰인 고문은 수문자와 더불어 치우의 사후 이야기를 기록하
고 있다. 치우가 죽은 후 부족은 또 당산(唐山, 북경 동쪽 지역의 도시)의 황토령(黃土
嶺)에서 천혼제(天魂祭)를 지냈다. 황토령의 천혼단(天魂壇)은 하늘의 북두칠성과
대응하는 제단이다. 이곳에는 청룡 형국의 강이 흐르며 후세의 청나라 때 왕릉
이 여럿이나 들어섰는데, 아직도 산정에 천혼단의 유적이 남아있다.

황토령의 천혼단 유적.

"삼성산의 부호문자는 또 치우의 여러 무덤 방위와 위치를 밝힙니다. 치우는 여러 조각으로 뜯기고 사방에 따로따로 묻혔습니다."

"치우의 몸뚱이는 삼성산의 서남쪽으로 수백 리나 되는 곳에 묻혔어요. 머리는 멀리 서북쪽의 청해(青海) 그쪽에 실려 갔습니다."

"머리 무덤은 명왕성의 방위에 맞춘 위치랍니다. 명왕성은 죽음의 신이 살고 있다고 하는 별입니다."

"황제는 아마도 치우가 신의 도움을 받으면 언제인가 다시 부활할 수 있다고 하여 일부러 그곳을 선택한 것 같습니다."

"그리고 신이 내려오는 곳과 시간을 적고 있습니다. 그때면 그곳에 가서 꼭 신을 만나라고 큰무당이 구려(九黎)의 후손에게 부탁합니다."

구려는 통상 치우 그리고 한 어머니의 여덟 아들 등 아홉 자식을 이르는 말이라고 전한다, 그들이 모두 여씨(黎氏)이기 때문에 '구려(九黎)'라고 한다는 것이다. 검을 여(黎)의 원래의 의미인즉 무리이며 여럿으로 매우 많다는 의미이다. 따라서 천하의 백성을 통칭하는 말로 해석되고 있다.

그러나 김씨 가족에 전하는 구려는 이와는 다른 의미이다. "구려는 아홉 부족이라는 의미의 구려족(九黎族)이라고 하는데요. 옛날에는 대륙의 동서남북 네 군(郡, 군락지)에 있던 8대 부족과 신족(神族)을 합친 아홉 부족을 이르던 말입니다."

그때 그 시절 대륙에는 멧돼지, 곰, 호랑이, 늑대, 고래, 독수리, 오소리, 사슴 등 도합 8대 부족과 기타 20여 개의 작은 부족이 살고 있었고 여러 군락지에는 또 신들이 일부 내려와 있었다. 그리하여 곰부족에는 오리온자리의 환웅(宿蜀조), 풍백, 우사, 운사가 나타나고 호랑이부족에는 안드로메다자리 근처의 무명의 신이 출현하며 늑대부족에는 삼태성 부근의 천신 낭황(狼皇)이 있었던 것이다. 황제와 치우가 싸우자 여덟 부족은 물론 신들도 두 편으로 갈라졌다. 삼성산의 기슭에는 치우와 함께 탁록의 평야에서 창과 칼을 휘둘렀던 8대 부족과 신의 전몰자들이 한데 묻혔다. 이 집단무덤은 여타의 곳과 달리 반만년의 세월이 지나도록 나무 한 그루 자라지 않는 민숭민숭한 큰 둔덕으로 되어있다.

며칠 후이다. 김성찬은 삼성산의 부호문자에서 치우의 출생지를 찾다가 더욱 놀라운 비밀을 발견하게 된다.

1절

◈◈◈◈

스물아홉의 부족을 인솔한 군주

이 마을은 상고시대에 닭 유(酉), 밝을 곽(爧)을 합쳐 유곽(酉爧)이라고 불렸다. 이름 그대로 해석한다면 '닭이 홰를 치는 마을'이다. 하필이면 '아침의 해가 뜨는 곳'이라는 의미의 국명 '조선(朝鮮)'을 새삼스럽게 눈앞에 떠올리게 되는 건 웬 영문일까.

어찌하든 마을의 이름은 그렇게 김씨 가족에 기록되고 있었다.

"치우가 태어난 나라이지요. 치우는 모친이 길렀는데요, 모친의 부족이 이곳에 거주했다고 합니다. 그때는 마을이자 나라이었으니까요."

마을이든 나라이든 막론하고 구자산(具茨山)은 상고시대 대륙에 있던 인간 최초의 대형 주거지였다. 대륙의 제일 살기 좋은 '에덴동산'이었다. 지금도 구자산에는 제단과 성곽과 더불어 산지사방에 고대 암각화가 무려 2천여 점이나 널려 있다.

유곽이 언제부터 구자산이라고 달리 불렸는지는 김씨 가족도 모른다. 그러나 전국시대에는 분명히 구자산이라는 이 지명으로 대륙의 문헌에 등장하고 있었다. 사상가 『장자(莊子)』는 잡편 「서무귀(徐無鬼)」에 "황제(黃帝)가 대외(大隗)를 구자의 산에서 만나 뵈었다."고 기재하고 있다. 대외(大隗)는 산신령의 이름인데 씨족의 이름으로 해석되기도 한다. 북위 때의 학자 역도원(酈道元)는 지리서『수경주(水經注)』에 "황제가 구자산에 이르러 홍제(洪堤)에 올라 화개(華蓋) 동자를 뵙고 신지도(神芝圖)를 받으니 바로 이 산이다."라고 적고 있다.

황제가 만났다고 하는 화개(華蓋) 동자는 별 화개에서 내린 신을 말한다. 화개는 중국 천문의 성관(星官)으로 선녀여왕(仙后, 카시오페이아)자리이니, 화개 동자는 이 별자리에서 내린 신을 뜻하는 것이다.

고증불립(孤証不立) 즉 증거가 불충분하면 입증할 수 없다. 그러나 신의 이야기는 문자만 아니라 또 그림으로 기록되고 있다.

신들이 하늘에서 내린 자리는 구자산의 암각화에 그려 있다. 이에 따르면 여러 별자리의 신들이 선후로 인간 세상에 나타났다. 이 성간여행 지도를 김씨 가족은 신환(燊還)이라고 부른다. (불이) 성할 신(燊)은 글자 결구를 볼 때 불이 나무 위에서 타오르고 또 불이 셋이나 되니 화목이 아주 왕성하다는 의미이다. 돌아올 환(還)은 원래의 곳으로 귀환한다는 것을 뜻한다. 신환은 거대한 에너지의 동력장치를 갖춘 비행선이 신(외계인)을 싣고 우주 공간을 넘나드는 모양을 형상한 이름인 것이다.

"구자산에 천신이 내린 자리는 이 신환(그림)에 적혀 있습니다. 숙촉조(환웅)가 내린 북경 신단의 위치도 이 그림에 있어요." 김성찬은 이렇게 한마디 덧붙여 신환을 설명했다.

천신들은 다 신환을 소지하고 서로 연락, 소통을 했다. 신환을 표기하는 형식은 각기 다를 수 있다. 다빈치의 유화『살바토르 문디(구세주)』에서 예수가 왼손에 들고 있는 투명 구슬도 바로 신환을 표시한다. 김씨 가족은 치우부족 계통의

구자산의 바위에 그려있는 성간 지도 신환(樂還), 외계인(신)이 땅에 내린 자리를 밝히고 있다.

점무늬의 그림 고문(蟲文)으로 기록하며 가족의 특유한 기법을 이용하여 경위도까지 자세히 밝히고 있다.

화개동자가 나타났다고 하는 구자산은 복우산(伏牛山)의 여맥으로 하남성(河南省) 중부의 우주(禹州)와 신정(新鄭), 신밀(新密) 세 도시의 인접지에 위치한다.

지명은 사람이 살아가면서 만들어낸 그곳의 이름이다. 지명을 통해 그 고장의 역사를 알 수 있기도 한다. 복우산은 탁록대전(涿鹿大戰)에서 대패한 치우부족의 슬픈 역사를 지명에 담고 있다. 치우부족은 결국 (황제에게) 엎드려 굴복했다는 것이다. 이에 따라 구자산도 황제의 속지로 되었다.

다섯 조각으로 묶은 항성도(恒星图), 점 부호의 고문(蟲文)으로 되어 있으며 김씨 가족에는 이런 각이한 조각의 항성도가 도합 88개 있다. 신환(璇還) 일부의 조각은 옆구리에 또 경위도가 새겨있다.

고대인들은 그들의 많은 역사를 구자산의 바위에 그림과 부호문자로 기재했다. 산속 여기저기에 종잇장처럼 널린 다양한 암각화는 그야말로 바위에 쓴 대형 사책을 방불케 한다. 이 암각화에 따르면 치우부족 연맹에 선후로 가입한 대륙 방방곡곡의 크고 작은 부족은 무려 스물아홉 개에 이른다.

김성찬은 다른 암각화 사진 한 장을 찾아 우리 앞에 펼쳐놓았다.

"이 암각화에는 유명한 치우성(蚩尤城)의 지도가 그려 있습니다. 치우성은 치우가 부족을 데리고 생활하던 옛 성곽이지요."

부족이 한데 모여 생활했던 집거 마을을 '성(城)'이라고 한다. 치우가 황제

치우성(윗쪽)과 그 아래의 역경(易經)과 귀창(归仓)을 적은 그림

와 싸움을 벌였던 하북성(河北省) 탁록현(涿鹿縣) 지역에는 치우무덤, 치우삼채(三寨, 목책을 친 세 마을), 치우천(泉, 우물), 팔괘촌, 정차대(定車臺) 등 허다한 유적이 잔존한다. 치우부족의 이런 유적은 후세의 문헌에 다다소소 기재가 있으며 이를 따라 추적하면 그들의 생활 군상을 더듬어 볼 수 있다.

"치우성 그림의 아래에는 또 장기판 같은 그림이 있지요? 훗날 중국인들은 이걸 바둑놀이 '낭흘양(狼吃羊, 늑대의 양 잡아먹기)'으로 즐겼습니다. 몽골족의 전통적인 놀이 녹기(鹿棋, 사슴바둑)에서도 이 그림이 발견되었다고 하는데요. 우리 민족도 예전부터 이 놀이를 아주 즐겼습니다."

"'낭흘양' 놀이는 실은 역경(易經)의 표시도인데요. 별자리를 관측하고 위치를 정할 때 이 그림이 사용됩니다. 부족의 수렵이나 군사 용도가 있어요."

"그림 옆에는 또 두 줄의 바둑알 모양의 그림이 있지요? 이걸 '귀창(歸倉)'이라고 하는데요. 수확한 곡물을 창고에 넣는다는 뜻입니다. 실은 고대의 주산이지요."

"옛날에는 계란이나 씨앗 등으로 게임을 진행했다고 합니다. 곳간을 채우려

는 부족의 마음이 담겨진 거지요."

"아프리카의 현지에서는 '만칼라' 게임이라고 부르던데요. 고대 부족들은 이 게임으로 족장을 뽑았다고 합니다."

귀창(귀合) 즉 만칼라 게임을 즐기고 있는 아프리카 사람들.

"3천 년 전의 파라오의 무덤에서도 유사한 형태의 게임이 발견된 적이 있다고 하는데요. 중동과 유럽에도 이런 유적이 수두룩하다고 합니다."

"구자산의 유적이 여러 지역과 대륙에도 비슷한 유물로 널려 있다는 게 참 기이합니다. 분명히 다 치우부족이 남긴 유물은 아니지요. 그럼 시초에는 누가 이걸 그들에게 가르쳤을까요.”

‘낭흘양’이나 ‘귀창’의 그림 자체는 게임 방법과 마찬가지로 아주 단순하다. 그러나 한 수, 두 수를 미리 내다보지 않으면 한순간에 역전될 수 있다. 운이 필요치 않고 오로지 상대방의 수를 내다볼 수 있는 지혜를 필요로 한다. 알고 보면 치우성과 더불어 치우부족이 천문, 지리, 군사, 농업, 건축, 수학 등에 요긴하게 사용하던 유적과 유물 기록이다.

그런데 오늘날의 구자산에는 왜 치우를 뒤로 제치고 황제가 홀로 등장하고 있을까…

구자산은 현지에서 또 시조산(始祖山)이라고 불린다. 이곳에서 중국인의 시조인 황제가 살았다는 것이다. 황제가 출생하고 도읍을 세웠으며 출세한 곳으로 명실공한 황제의 문화유적지란다. 그리하여 구자산은 황제 헌원(軒轅)의 사당을 세우는 등 중국인의 뿌리가 있는 ‘동방의 메카’로 거듭나고 있다.

김씨 가족의 기록에 따르면 황제와 염제(炎帝)는 형제이며 치우는 염제의 아들이다. 황제와 염제 가족은 상속할 땅과 재산 때문에 갈등이 생겼다. 두 가족은 각기 연맹을 결성하고 싸움을 벌인다. 아들 치우가 염제의 뒤를 이어 황제와 싸우며 결국 역시 대패하고 희생하였다.

승자는 기억되고 패자는 망각된다. 치우의 형상은 결국 황제의 빛에 의해 덮여버렸다.

다행으로 치우부족의 많은 이야기는 여전히 암각화에 기록되어있다. 김성찬은 암각화의 비밀을 한마디로 콕 짚어서 밝혔다. “구자산의 암각화는 애초부터 기록한 후 하늘(신)에 보이려고 한 겁니다.” 상고시대의 암각화는 대개 바위의 수

직면에 그려있지만 구자산에서는 유달리 하늘에 평행으로 된 수평면에 암각화를 그렸다는 것이다.

고대 문명의 신화와 전설은 서로 베껴낸 것처럼 아주 비슷하다. 유럽이나 미주에도 옛날의 거폭의 땅 그림(geoglyphs, 지상화)이 평원과 산지대에 즐비하다. 이런 그림들은 지면이 아니라 다 항공사진으로 발견한 것들이다.

그러나 고대 무속 세계를 모르면 선사시대를 알 수 없고 귀청문(鬼靑文, 천부인)을 모르면 구자산의 암각화를 읽을 수 없다.

신화에 나오는 치우는 소의 뿔과 발굽, 구리로 된 머리, 쇠로 된 이마 등 황소의 모습을 하고 있다. 실제로 치우는 우두인신(牛頭人神)의 부족 수령으로 그 자신이 바로 소와 관련된 특징들을 가지고 있었다고 김씨 가족은 기록한다.

우두인신의 치우부족을 그린 인면석각은 대륙에 현존하고 있다. 하남성(河南省)을 멀리 떠난 동북쪽의 길림성(吉林省) 집안(集安)의 국내성에 있다. 무게가 800kg이나 되고 화면(畵面)의 길이가 104cm, 너비가 54cm에 달하는 대형 암각화이다.

다집안 국내성에 있는 3319호 인면석각, 고구려 유적으로
보는 게 일반의 시각이다.

모르면 눈을 떠도 보이지 않는다. 그리하여 어처구니가 없는 일이 벌어진다. 전문가들은 국내성에 인면석각(JYM3319 무덤 앞)을 새긴 주인공이 고구려인이라고 주장한다. 따라서 이 암각화는 현재 중국 대륙에서 발견된 고구려의 유일한 인면석각이라는 것이다.

하긴 국내성은 졸본성(卒本城)을 이어 고구려의 두 번째 수도라는 게 통설이다. 그리고 인면석각의 서너 걸음 떨어진 뒤쪽에는 대형 방단(方壇)의 적석묘(積石墓)가 있는데, 무덤에서 연호 '정이(丁巳)'가 새겨진 문자기와가 발굴되었다. 이 연호는 동진(東晋)의 목제(穆帝) 승평(升平) 원년으로 고국원왕(故國原王) 27년 즉 서기 357년에 해당한다. 또 무덤에서는 동진 때의 청자병(靑瓷甁)이 발견되었으며 이에 따라 사학계에서는 인면석각도 동진 때의 것으로 판명한다.

인면석각 뒤의 고분이 왕릉급이라고 하니 이 석각을 지체 높은 사람의 무덤 앞에 세우는 돌사람으로 취급할 법 한다.

그러나 국내성의 인면석각은 지금까지 세간에 알려진 돌사람은 물론 고구려 고분벽화의 제작 기법이나 주제와는 완연 다른 모습이다. 게다가 목부터 가슴 한 가운데까지 일렬로 19개의 점무늬를 찍었으며 또 이를 중심으로 가로세로 각기 두 줄의 십자형을 그렸는데 점무늬의 이 그림이 도대체 무슨 뜻인지에 대해 사학계는 아직도 분명히 밝히지 못한다.

전문가들은 나름대로 인면석각을 분석(추측)하고 결론을 내리고 있다. "인면석각은 적석묘의 앞에 세운 무덤 지키기 조각상입니다. 석각 그림은 고구려인의 토템숭배에 관련이 있는 게 분명합니다." 인면석각은 고구려인들이 숭배하던 일월 신상(神像)이라는 것이다.

일부 학자들은 또 인면석각의 신기한 점무늬의 그림인즉 '칠형육간(七衡六間)',

'사방오위(四方五位)', '사시팔절(四時八節)', '구궁(九宮)', '음양오행(陰陽五行)' 등 그림의 복합도(複合圖)라고 해독하고 있다.

실제로 인면석각의 미스터리를 푸는 열쇠는 바로 점무늬의 이 그림에 있다. 인면석각의 점무늬 그림은 실은 치우부족 계통에서 애용하던 고문(蠱文)이기 때문이다. 이 부호문자는 여타의 고구려 유물에는 좀처럼 나타나지 않는다. 하물며 인면석각은 구자산의 암석화와 마찬가지로 수직면의 바위에 그려 있지 않는가.

김성찬은 인면석각인즉 분명히 치우 계열의 우두인신 부족의 이야기라고 말한다.

"인형은 머리에 안테나 같은 것을 달고 있는데요. 이건 쇠뿔입니다. 무당은 우두인신의 옷을 입고 탈을 쓰고 태양(신)을 향해 기도합니다."

"이 태양신은 선녀자리(仙女座, 안드로메다자리)에 있는 신입니다."

"인면석각에 성도(星圖)를 그렸습니다. 점무늬 그림에는 계절마다 태양의 각기 다른 그림자가 생기는데요. 이걸로 농력(農歷, 음력) 일자를 계산합니다."

"치우의 맏형이 이 고장에서 살았다고 합니다. 그가 언제까지 살았는지는 글에 적혀 있지 않습니다."

"맏형 역시 우두인신의 부족인데요, 임신 2년 만에 출생했다고 합니다."

"..."

황제와 치우의 탁록대전이 일어나던 즈음의 이야기란다. 고구려는 그로부터 장장 2천년 세월이 흐른 후 비로소 출현한 나라이다. 그런데 자의든 타의든 공생 상황이 벌어지며 결국 고구려의 이름이 타임머신을 타고 전세의 인면석각에 적히고 있는 것이다.

그건 그렇다 치고, 우두인신의 부족은 석기시대에 살고 있는 몽매한 인간이 아니던가. 그들이 문자를 사용하고 있었다니 그야말로 해가 서쪽에서 뜰 이야기이다.

사실상 치우부족의 전용문자는 따로 있었다. 이 부호문자인 토을문(土乙文)은 지금도 대륙 서남부의 투쟈족, 묘족에게 일부 사용되고 있다. 참고로 묘족은 치우를 그들의 시조로 받들고 있다.

음문과 양문 각기 4자로 도합 8자의 토을문(土乙文). 치우부족이 사용하던 부호문자이다.

"토을문은 토템문과 비슷한 형태인데요, 토템문이 출현하기 좀 전에 나왔습니다. 읽는 방법도 토템문과 비슷합니다."

김성찬이 설명하는 말이다.

화개동자가 황제에게 신지도(神芝圖)를 내리듯 신이 치우에게 하사한 부호문자라는 것.

토을문은 음문과 양문 각기 4자의 도합 8자의 부호문자이다. 이 여덟 부호의 각을 음과 양으로 각기 뜯어 서로 합체하며 각각의 다른 글자를 조합한다. 양의 4자는 글자의 몸체를 이루며 음의 4자는 주음(主音)으로 들어간다.

훗날의 조충문(鳥蟲文)은 이 토을문에서 파생되었다. 시초에는 봉명문(凤猰文), 용전문(龍 纏文), 우충문(羽虫文)으로 불렸다. 조충문은 벌레와 새 모양이라고 해서 지은 이름이다. 춘추전국 때 벌써 이런 글체가 쓰이고 있었다. 조충문은 옛날에는 거개 병기에 주조하거나 새겼으며 드물게 인감에 쓰이기도 했다. 진나라의 글 8체(體)에 '충서(蟲書)'가 있었으니 깃발과 부적에 사용되었다.

조충문은 고귀하고 화려하며 장식 효과가 있고 변화무상하다. 그러나 김씨 가족의 기록에 따르면 조충문은 전쟁 등 난을 겪으면서 폄하하여 부르는 이름이라는 것이다. "조충문은 어찌어찌하여 여러 부족 가운데서 한족만 쓰고 있어요. 한자도 많이는 갑골문이 아닌 조충문에서 생긴 것이라고 합니다."

토을문이 출현하고 다시 조충문으로 변모하듯 구자산의 암각화도 변화를 연속했다.

구자산 암각화의 제작시간은 수천 년을 지속했다. 암각화가 약 4천 년 전부터 나타나며 일부는 1만 년 전에 벌써 출현했다는 것이다. 고대 유적과 유형학의 일치성이 있기 때문에 사학자들은 이번에는 구자산의 주인공이 단수가 아니며 다른 유적을 남긴 복수의 여러 부족들과 연관이 있을 것이라고 추측하여 주장하고 있다.

실제로 『단군고기』에 나오는 선사(先史)시대의 '곰'과 '호랑이'도 암석화에 토템 그림으로 등장하여 부족의 존재를 과시한다. 그들과 더불어 대륙 8대 부족의 하나였던 고래부족도 암각화에 그들의 토템 그림을 그려 넣었다. 유소씨(有巢氏)도 암각화에 또렷하게 표기되어 있다. 유소씨는 여타의 부족과 달리 나무에 기거하는 기이한 족속이었다고 신화에 전한다. 그러고 보면 신화 속의 인물로만 알고 있던 유소씨 역시 대륙에 실존한 부족이었던 것이다.

암각화에 그린 하나 또 하나의 토템은 신화에서만 읽던 하나 또 하나의 부족을 생생한 형상으로 드러내고 있다.

"새로운 성원이 가입할 때마다 큰무당은 바위에 그들 부족의 토템을 그려 넣어요. 이 토템 그림은 부족연맹의 떼어놓을 수 없는 단합과 결성을 뜻합니다."

김성찬은 토템의 이름을 읽다가 부지중 혀를 끌끌 찬다. 치우를 군주로 삼은 부족연맹 성원은 최종적으로 동서남북 여러 지역의 스물아홉 부족에 달하고 있었다.

부족의 기억은 꼭 암각화에 그려지고 그것으로만 유전(遺傳)하는 것이 아니다.

치우부족이 사용하던 오음 명칭도 암각화를 떠나 후세에 전승되고 있다. 이 명칭은 오늘날 조선(한)민족의 전통 민속놀이로 전한다. 그러나 뉘라 없이 출처를 알 수 없는 유속(遺俗)으로만 알고 있다.

"치우부족의 오음은 시초부터 황제부족이 사용하던 오음 명칭과는 다릅니다. 한 뿌리에서 나왔지만 생활 지역부터 서로 다르거든요. '남쪽 땅의 귤나무를 북쪽 땅에 옮겨 심으면 탱자나무가 된다'고 하잖아요?"

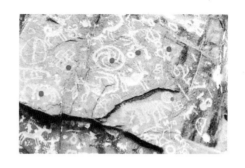

치우 부족연맹의 성원들이 모두 토템으로 암각화에 등장한다. 좌로부터 빨간점의 그림은 각기 곰, 호랑이, 고래, 늑대, 너구리, 멧돼지 부족의 토템이다. 신족(神族, 파란점)도 들어있다

2절

◈◈◈

윷놀이와 강아지풀 그리고 조롱박

무당 무(巫)는 이 글자를 만들 때부터 형상적으로 정의를 내리고 있다. 위의 가로획(一)은 하늘이요, 아래의 가로획(一)은 땅이며 하늘과 땅을 연결한 세로획(丨) 좌우에 사람 인(人)이 가지런히 있으니 하늘 아래와 땅 위의 인간세계를 서로 이어주는 사람인즉 (남녀) 무당이라는 것이다.

김성찬은 큰무당을 신처럼 모신다고 말한다. "다른 세계와 영통(靈通)한 무당을 우리 가족은 인신(人神)이라고 부르거든요."

사람들은 대개 누구나 배우면 다 북을 치고 주문을 외울 수 있으며 무당 노릇을 할 수 있다고 생각한다. 이것은 무속이라고 하면 기복신앙으로만 알고 있듯 신력(神力)을 잘못 이해하고 세속화한 것이다. 따라서 무속은 이때부터 하늘 아래에서 진정한 생명력을 잃어가는 것이다.

무당은 사실상 집안 내림으로 승계하거나 신이 들려서 신기(神氣)를 받는다.

무당춤은 무당이 다른 세계와 소통하는 방법의 하나이다. 무당은 제사활동에서 춤을 추며 전장에서 춤을 춘다. 실제 김씨 가족이 전승한 상고시대 무당춤 무령계(武靈磎)의 18개 신보(神譜)에는 제사활동의 춤과 전장의 춤인 전무(戰無)가 나란히 들어있다. 부족의 큰무당이었던 김씨 가족의 월사(月師)는 이로써 신을 부르고 귀신을 쫓았던 것이다.

어찌했든 사람들은 무당 하면 먼저 춤을 떠올린다. 이에 따라 일부 학자들은 무당 무(巫)는 무당이 춤을 출 때의 소매 모양을 본뜬 것이라고 해석하기도 한다.

그럴 법도 한다. 무당은 인간 최초의 음악가이니, 무용인이고 가수가 아니던가. 무당은 춤과 노래를 통하여 신의 뜻을 얻고 기원 내용을 신에게 아뢰며 기원이 달성된데 대해 감사의 뜻을 표시한다. 무속의례의 춤과 노래에는 주술적인 힘이 있으며 무술(巫術)의 특유한 오음 악보가 있다.

"옛날 부족마다 오음의 소리표가 있었다고 합니다. 다시 말해서 음의 길이 또는 높이를 지시하는 기호가 서로 달랐다고 합니다. 각기 부호문자로 이 소리표를 적었지요."

대륙 북부와 중부 지역에서 생활했던 황제 부족연맹은 동부 지역에서 생활했던 치우 부족연맹과 서로 다른 음표(音標)를 사용했다.

황제 부족연맹이 사용하던 음표는 후세의 춘추시기 제나라 관자(管子)의 제19권 58편인 『지원편(地員篇)』에 기록된다. 책에 따르면 관자는 수학운산법을 운용하여 "궁(宮), 상(商), 각(角), 징(徵), 우(羽)" 5개 음의 과학적인 법을 얻었다고 한다. (실은 황제 부족연맹의 오음 음표를 베껴낸 것이다.) 이것이 바로 중국 음악사에 저명한 '삼분손익법(三分損益法)'으로 대륙에서 제일 일찍 나타난 음표라고 세상에 전하고 있다. 삼분손익법은 삼분손일법(三分損一法)과 삼분익일법(三分益一法)을 교대로 사용하여 율관(律管)의 길이를 산출한다. 삼분손익법으로 얻어진 음률은 편종(編鐘)과 편경(編磬) 등이 편성되는 고대 음악에는 적용되나 현대 음악에는 거의 적용되지 않고 있다. 실제 궁상각징우 이 오음은 중국 고대 음악의 기본 음계

(音階)로 서양의 것과 다르다. 서양음악의 7개 음계에 대조하면 고대 음악의 오음은 'do, re, mi, sol, la'에 대응하며 반음을 올린 'fa'와 'ti가 적다. 이 오음은 당나라 때 또 '합(合), 사(四), 을(乙), 척(尺), 공(工)'의 명칭으로 사용되었다. 이때도 두 음계 'fa'와 'ti'는 다 음표에 기입되지 않는다.

황제 부족연맹의 오음 음표는 음표 그 자체로 남았으나 치우 부족연맹이 사용하던 오음 음표는 나중에 민속놀이의 명칭으로 되었다.

"이게 바로 우리 노소가 다 즐기고 있는 윷놀이인데요. 정월 초하루부터 대보름까지 모두 이 놀이를 즐기지요." 김성찬은 이야기를 나누는 도중에 저도 몰래 연신 감탄을 금치 못했다.

"치우부족은 결국 멸망하지 않았던가요. 부족이 망하면 전승물(傳承物)은 쉽게 유실됩니다. 그런데 오음을 승부 겨루기의 놀이에 담아서 후세에 승계하다니요? 이걸 만든 선인(先人)의 지혜는 정말 대단합니다."

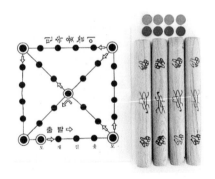

윷판과 윷가락 그리고 말(파란점과 붉은 점의 원판).

윷놀이는 4개의 윷가락을 던지고 그 결과에 따라 말(馬)을 사용하여 승부를 겨루는 민속놀이이다. 오늘날 줄다리기와 함께 민속놀이에서 제일 많이 알려져 있다. 도개걸윷모는 윷놀이를 할 때 주사위의 눈금처럼 사용되는 단어이다. 윷놀이의 도는 돼지, 개는 개, 걸은 양, 윷은 소, 모는 말이다. 이 도개걸윷모는 식량, 집, 털과 고기, 농사, 이동수단을 의미하는 것이라고 학자들은 분석하고 있다. 또 윷판 도형에 고대 천문관과 민족 세계관이 들어있다고 나름대로 주장한다.

그러나 윷놀이가 구경 어느 때부터 반도에서 시작되었는지에 대해서는 아직도 분명치 않은 현 주소이다.

중국의 『북사(北史)』와 『태평어람(太平御覽)』 등의 문헌에 백제에는 저포(摴蒲)·악삭(握槊) 등의 잡희(雜戱)가 있었다고 기록되어 있다. 이 저포는 오늘날의 윷놀이와 유사한 것으로 여겨지므로 반도의 많은 학자들은 윷의 기원을 삼국시대의 이전으로 추정한다. 또 조선 후기의 실학자 이익(李瀷)은 『성호사설(星湖僿說)』의 「사희조(柶戱條)」에서 "윷놀이를 고려의 유속(遺俗)으로 본다"라고 하였다. 조선시대 중·후기에는 '척사 (擲柶)'라는 용어가 나타나 일제 강점기를 지나서 현대까지 널리 사용되는 용어가 되었다.

웃지도 울지 못할 일이 있다. 얼마 전 놀이문화 윷놀이는 중국과 한국에서 거의 동시에 국가의 무형문화재로 지정되었던 것이다. 2021년 윷놀이는 중국 국가 무형문화재로 되며 길림성 조선족 이씨(조선족)를 전승인으로 지정했다. 이와는 달리 한국 문화재청은 2022년 윷놀이를 씨름, 김치 담그기 등과 같이 특정 보유자나 보유단체는 인정하지 않는 공동체 종목으로 지정, 한국 국가 무형문화재로 등록했다.

속담에 '보따리를 갖다 놓은 집이 주인'이라더니 말 그런데 없나 본다. 도대체 윷놀이는 누구의 것일까.

부지중 곡물의 이야기가 우리의 화제에 올랐다. 곡물은 인류 문명의 진화에서 없어서는 안 될 역할을 일으킨다. 곡물의 기원은 기본상 원시적이고 야생한 '풀'이었다.

약 1만 년 전, 지구는 마지막 빙하기를 겪었다. 석기시대에 주요하게 채집과 수렵 등 생활로 삶을 영위하던 인간들은 경작생활과 더불어 차츰 정착생활을 하게 된다. 감자와 호박, 콩은 약 1만 년 전에 작물로 된 것으로 알려지고 있다. 원시 축산은 그로부터 약 1천년 후 나타났다.

인류가 식물을 경작하고 동물을 사육하게 되면서부터 육종은 시작되었다.

조는 오곡의 하나로 한때는 보리 다음으로 많이 재배한 밭작물이다. 토양이 척박하고 가물어서 다른 곡물류가 재배되지 않는 지역에서도 잘 자란다. 논벼의 생산력이 월등히 높아지기 전까지는 좁쌀은 인간의 가장 중요한 주식용 곡물이었다. 5,000년 내지 8,000년 전부터 재배되었다. 야생한 초본식물 강아지풀에서 인공재배를 통해 나왔다는 게 학계 일반의 주장이다.

서속(黍粟)은 조와 기장을 합쳐서 부르는 방언인데, 『설문(說問)』은 "속이란 풍성한 곡물의 과실이다.(粟, 嘉谷實也.)"고 설명한다.

조를 표시하는 걸로 알려지고 있는 갑골문 등 부호문자. 귀문으로 해석하면 첫 부호문자는 비가 잘 내린다는 뜻으로 풍작을 의미한다. 기타의 네 부호문자는 서슬, 두부, 역술의 특수문자, 속(곡류 작물의 씨앗을 통칭하는 말)의 의미이다.

대륙 최초의 문자라고 하는 갑골문에 조가 적혀 있다고 한다. 갑골에 새긴 이 부호문자는 풀대와 같은 모양으로 주위에 낟알 입자들이 있는 형상이다. 귀문(鬼文)의 해독 방법을 따르면 비가 잘 내려 곡식이 잘 자란다는 뜻이며 풍작을 의미한다.

실제로 이삭 크기가 보통이라도 얻을 수 있는 알곡 씨앗의 숫자는 기장이 약 2,000개, 수수가 약 3,000개이며 조는 이보다 두세 곱절이나 되는 약 5,000개 지어 1,0000개에 달하여 일립만배(一粒萬培)라는 말이 나온다. 조의 씨앗 한 알을 키워서 1만 배나 증식할 수 있다는 얘기이다

조(왼쪽)와 강아지풀(오른쪽).

"열매를 빻아 껍질을 제거한 후 남은 낟알을 중국말로 소미(小米, 좁쌀)이라고 부르지 않아요? 중국 북방에서는 또 곡자(谷子)라고 부르지요."

상고시대에 벌써 상형문자로 작명을 했듯 조는 고대 중국인들이 세계에 준 선물이라고 대륙의 학자들은 주장한다. 중국의 선인(先人)이 강아지풀(속명: 개꼬리풀)을 꾸준히 선택하고 거듭 교잡해서 곡물 조를 육성했다는 것이다. 그 후 반도는 물론 아프리카, 러시아에 널리 전파되었고 미구에 조의 주생산지로 되었다고 한다.

김성찬은 이 대목에 이르러 거듭 반문을 했다. "그런데요, 원산지가 어디인가를 떠나서 수렵생활에서 방금 벗어난 고대인들이 벌써 교잡종 곡물을 만들 수 있었을까요?"

재배를 시작하기 전에는 인간은 채집을 통해 곡물을 얻었다. 이때 인간의 특정된 선택이 없이 식물의 특성이 변경될 수 있다. 그러나 농경에 본격적으로 진입한 청동기 시대 벌써 곡물교잡을 할 수 있은 것은 아니다. 인공적인 곡물교잡은 세계적으로 보면 1900년경 즉 '멘델법칙의 재발견' 이후라고 할 수 있다.

1865년 멘델(Mendel,G.J.)에 의하여 『식물잡종의 연구』에서 유전법칙에 관한 논문이 보고되었으나 당시에는 그것이 인정되지 못하였다. 1900년에 이르러 코렌스(Correns)·체르마크(Tschermak) 및 드 브리스(De Vries)의 세 학자에 의하여 동일한 결과가 보고되어 그것이 유전의 법칙으로 인정받게 되었다.

인위적인 교배를 통해 작물을 개량하는 교잡육종(交雜育種) 방법을 개발한 것은 육종 역사상 가장 획기적인 사건으로 된다. 유전적 특성이 다른 두 계통 간에 교배를 통해 엄청난 유전적 변이를 창출하게 된 것이다. 이 교배육종기술은 전 세계적으로 식량문제 해결에 기여하는 등 실로 대단한 성과를 이룩하

였다.[한국민족문화대백과사전(육종(育種)]

삼족오가 입에 물고있는 조롱박은 신이 왕래한 두 별자리를 가리키며 그 아래의 그림은 곡물 조 , 그리고 신에게 감사를 하는 인간을 뜻한다.

곡물의 성공적인 교잡육종은 근세에 중국 대륙에서도 이뤄졌다. 20세기 말, 중국 과학자 원릉평(袁隆平)이 세계적으로 처음 잡교 벼를 육성하며 농업전문가 조치해(趙治海)가 처음 조 잡교 품종을 육성한다. 인간은 이로써 세계적으로 수천 년 만에 곡물의 교잡육성에 성공한 것이다. 두 '곡물 잡교의 아버지'를 두고 학계에서는 "남쪽에는 원릉평이 있고, 북쪽에는 조치해가 있다"고 말한다.

그렇다면 고대 부족민에 조를 선물했던 은혜로운 주인공은 정말로 인간이었을까. 인간은 아득한 옛날 옛적에 벌써 곡물교잡을 이용하여 새로운 품종의 조를 만들어냈을까…

사실상 최초로 곡물교잡을 한 것은 인간이 아닌 하늘의 신이었다. 선인(先人)들은 이 이야기를 옛 그림에 담아 후세에 전하고 있었다. 그림에서 삼족오가 조롱박 모양의 물체를 주둥이에 물고 있고 풀대 모양의 대가 땅에 뿌리를 박고 서 있으며 웬 인간이 땅바닥에 꿇어앉았다.

김성찬은 그림 이야기를 하나씩 일일이 해석했다.

"삼족오는 천계와 인간계를 드나드는 사자(使者)이니 하늘의 신을 상징합니다."

"조롱박은 두 개의 성하(星河, 별자리)를 가리킵니다. 다른 별자리의 천신이 태양계에 왔다고 말하고 있어요. 이 별자리와 태양계의 지구 주소를 밝히고 있습니다."

"정말 아쉬움이 있어요. 삼족오의 오른쪽에 별자리의 주소를 자세하게 밝힌 그림이 한 장 더 있어야 합니다."

"그림이 일부 빠뜨려져 있어서요, 그래서 신이 어느 별에서 왔고 지구의 어느 지역 부족에게 언제 씨앗을 주었는지 도무지 밝힐 수 없습니다."

"삼족오의 주둥이 아래의 왼쪽 그림인즉 바로 초본식물인 조를 이릅니다. 가로획의 위에 풀(초본식물)이 있으며 가로획 아래에 뿌리를 내렸으니, 조는 하늘 위의 신들이 고향별에서 지니고 온 식물(식량)의 유전자를 하늘 아래의 지구에 있는 강아지풀에 교잡하여 만든 종의 식물이라는 겁니다."

"삼족오의 발치에 있는 그림은 조의 씨앗을 받은 후 인간이 신에게 절을 올려 거듭 감사를 표하는 겁니다."

그러고 보면 삼족오가 입에 물고 있는 조롱박은 깊이를 모를 동혈(洞穴)처럼 신기한 이야기를 그득히 담고 있었다.

제6장

동혈(洞穴)에 있는
왕자와 공주의 이야기

선사(先史)시대의 역사는 상당수가 전설과 신화로 전달, 전파되고 있다.

선사시대는 기록으로 남아 있지 않은 선대의 역사를 말한다. 통상 인간이 처음 출현한 때로부터 글자가 만들어져 역사를 기록하기 시작한 바로 전까지를 말하는데, 이 기간은 수백만 년에 달하는 인류의 역사에서 95% 이상을 차지하는 긴 시간이다. 이런 시대의 역사와 문화에 대한 연구는 고고학적인 방법으로 수행하는 것이 보통이다. 과거 인류가 생활하면서 남긴 잔존물을 통해 그 시대의 역사와 문화 및 생활상을 연구하는 것이다. 다시 말해서 문헌적인 기록이 없기 때문에 유적과 유물이 없다면 존재를 인정하지 않는다.

혜성을 뜻하는 부호문자(빨간점)는 갑골문 연구학자들에 의해 별 성(星)으로 해독되고 있는데, 상기 부호문자에서 제일 근접한 갑골문 해독이다.

청동기와 더불어 대량의 갑골문이 처음 출토된 옛 도읍지 은(殷)은 중국 신사(信史)시대의 시작으로 된다. 상나라 때부터 비로소 역사가 기록되었고 그 이후 중단되지 않았다는 것이다.

갑골문은 점복에 사용되어 갑골(甲骨)에 새겨진 부호문자를 의미한다. 중국인들은 애초부터 은상(殷商) 즉 상나라 때의 무당이 만들어 사용하던 부호문자라고 주장한다.

실제상 부호문자는 선사시대에 벌써 존재하고 있었다. 1987년 하남성(河南省) 무양(舞陽)의 가호촌(賈湖村) 고분에서 거북이의 껍데기와 골기 등에 새겨진 옛 부호문자가 출토되었는데, C14의 감정에 따르면 이 갑골문은 7762년(±128) 전의 것으로 상나라를 무려 3천 년이나 앞서고 있었다. 상나라 시대에 앞서 석기시대에 이미 부호문자가 있었던 것이다. 또 이보다 앞서 부호문자는 청호(靑狐)부족 등 여러 부족에 널리 사용되었고 상당수가 암석화 등에 그림과 부호로 기록되고 있었다.

하남성 무양(舞陽)의 가호촌(賈湖村) 고분에서 출토된 갑골문자. 귀문(鬼文) 44국의 혼문(魂文)이다.

갑골문은 1899년 대륙에서 처음 발견한 후 지금까지 약 15만자가 출토되었다. 이 가운데서 단자(單子)가 약 5천자이다. 갑골문에는 1종이 아닌 7, 8종의 부호문자가 들어있으며 바다를 건너 아메리카 대륙에도 일부 나타나고 있다. 이런 부호문자는 모두 귀청문(鬼靑文, 천부인) 귀문(鬼文)의 44국(局, 종) 일종이라고 김씨 가족이 기록하고 있다. 귀청문인즉 바로 『단군고기』에서 환웅이 가지고 하늘에서 내려왔다고 하는 천부삼인(天符三印)의 시초의 이름이며 귀문 삼인(三印) 3종 문자의 하나이다.

귀문은 부호문자마다 거의 각이한 해독 절차와 방법이 따른다. 가호촌에서 발견된 갑골의 부호문자는 혼문(魂文)이라고 부른다. 이 부호문자는 오성국(五星局)으로 들어간 후 음양 두 계통으로 나뉘며 다시 서로 맞춰서 해독한다. 이런 유형의 부호문자에는 음성 오성(五聲)과 오음이 있다. 그리하여 하나의 부호문자에 서로 다른 다섯 가지의 의미가 나오며 각기 한 개 혹은 두세 개 심지어 수십, 수백 개의 글자를 생성한다. 갑골의 유수의 부호문자에 들어있는'ㅂ'자 모양의 부호는 음절을 끊어 어느 한 특정 음소를 표시하는 것이다.

이에 따르면 갑골문 자체는 분명히 상형(象形)의 한자(漢字)와 1:1로 맞대응하는 부호문자가 아니라는 얘기가 된다. 일명 갑골문이라고 불린 옛 부호문자는 상나라 때 무당이 계속 옛것을 그대로 사용하였을 뿐이며 미구에 다다소소 한자로 변경, 변화했던 것이다. 갑골문에 한자의 시초의 원형이 있다고 해도 절대 한자로 간주하여 해독할 수 있는 것은 아니라는 얘기이다.

반도에서 발견된 가림토도 갑골문과 비슷한 경우이다.『세종실록(世宗實錄)』의 세종 26년 2월 기록은 언문(諺文, 한글)이 본디 옛 문자였다는 것을 분명히 밝히고 있다. 훈민정음은 세종 때에 와서 없던 것을 새로 만든 게 아니라 있었던 옛 문

자에서 만들어졌다는 것이다.(諺文皆 本古字 非新字也) 이 옛 문자인즉 가림토이니,
『환단고기(桓檀古記)』(한뿌리·북캠프 출판, 2010년)의 단군세기(檀君世紀) 편에 따르면
3세 단군인 가륵(嘉勒)이 재위 2년(BC 2181)에 삼랑(三郞) 을보륵(乙普勒)에게 명하
여 정음(正音) 38자를 만들게 했다고 한다.

"가림토도 갑골문처럼 다 귀청문(천부인)의 귀문에 나오는 부호문자입니다. 여
문(䰯文)이라고 부르는데요. 단군시대에 또 출현해서 계속 사용되었던 옛 문자인
거지요."

김씨 가족의 기록에 따르면 여문은 귀문(鬼文) 44국(局의) 요문(堯文) 계통이다.
일찍 대륙을 떠나 열도에 이주하던 청호부족이 지나면서 여문을 반도에 남겼던
것이다. 여문 50자는 후세의 한글 자모음 40자와 비교하여 보면 조합한 후 글자
의 조합법이 비슷하다. 한글(훈민정음)은 『세종실록(世宗實錄)』이 기술하듯 옛 문
자(귀청문,천부인의 여음)에서 일부 혹은 상당수를 빌려 만들어졌던 것이다. 그렇다
고 해서 이런 옛 부호문자들을 한글 자모음 그 자체로 옮겨 의미를 해독할 수 있
는 것은 아니다.

가림토라고 알려진 여문, 도합 50자로 되어 있다. 이외
조합법 8자가 더 있다.

단군시대에 나왔다고 전하는 신지문자(神誌文字)도 실은 단군부족의 전속(專屬) 문자가 아니다. 여문처럼 역시 옛 부호문자인 귀청문(천부인)의 귀문 일종으로 염문(炎文) 계통의 쇄문(鎩文)이며 예언과 재난 등을 기록할 때 사용된다.

열도의 가다가무나(カタカムナ)도 귀문의 일종이다. 그런데 이 부호문자가 열도에 출현했다고 해서 학자들은 한심하게 이번에는 일본어에 대응한다고 주장하며 일본어 자체인 것으로 해독하려고 시도한다.

상고시대에 부호문자를 장악, 사용한 것은 큰무당과 극소수의 왕족이었다. 부족의 상층인물인 무당이나 귀족이라고 해도 꼭 부호문자를 장악할 수 있는 것은 아니었다. 이에 따라 연대가 오랠수록 세상에 전파되는 역사(문헌) 기록은 갈수록 적어지고 심지어 가뭇없이 종적을 감춘다.

선사시대를 기록한 『산해경(山海經)』은 후세에 다시 한자(漢字)로 옮겨 기술되지만 더는 사실(史實)이 아닌 태고의 공상적인 신화로 읽힌다.

김성찬의 조모 정봉금(鄭鳳今)은 큰무당의 직계 후손이었지만 귀청문(천부인)을 배울 수 없었다. 웅녀의 아들은 단군으로 된 후에도 멧돼지부족에는 귀청문(천부인)을 다 전수하지 않았기 때문이다. 그리하여 곰부족 왕자와 멧돼지부족 공주의 소설 같은 이야기는 구전으로만 전한 것이다.

1절

심산의 벼랑에 지은 옛 마을

산기슭의 역로(驛路)에서는 검푸른 산체와 하늘가의 희멀건 산등성이만 눈에 뜨인다. 산속으로 통하는 지척의 좁다란 산길마저 인기척을 꺼리는 뱀처럼 숲속에 잔뜩 움츠리고 있다. 산 어귀부터 깊숙한 동굴에 지은 초소가 불쑥불쑥 나타난다.

옛 마을은 조물주가 땅위에 둥글게 돌로 빚은 거대한 다락 자체이다. 올망졸망한 집들이 벌집처럼 벼랑 바위에 구멍을 숭숭 뚫고 있다.

일명 고애거(古崖居), 말 그대로 오래된 벼랑 주거지이다. 유명한 팔달령(八達嶺) 장성이 마을의 동쪽으로 20㎞ 정도 떨어진 곳에 위치한다. 팔달령은 군도산(軍都山)에 있는 하나의 산 입구인데, "길이 이곳에서 나누어지고 사통팔달하여 팔달령이라고 부른다"고 명나라 선비 장일규(張一葵)가 『장안객화(长安客话)』에 적고 있다.

명나라는 초원의 세력이 이곳을 통해 중원에 진입하는 것을 막기 위해 장성을 대거 보수했다. 장성은 서쪽 내륙 오지의 대동(大洞)에서 군도산을 거쳐 동쪽으로 가면서 해변까지 쭉 이어진다.

그렇다고 해서 벼랑에 동혈을 뚫고 주거지는 건축 연대와 용도가 밝혀진 게 아니다. 근처에 옛 장성이 있다고 해서 고애거를 한나라 때의 장성 봉화대 유적지로 주장하는 게 일반적인 설이다. 또 군부대의 주둔지, 도둑 떼의 굴 지어 곡물 창고라는 설도 등장하고 있다.

와중에 고애거에 거주한 부족이 해(奚)라는 설이 힘을 얻고 있다. 해는 동호(東胡)의 일파로 남북조(南北朝, 420~589) 시기 요락산(饒樂山) 유역에 분포했으며 요녕성(遼寧省) 서북부와 하북성(河北省)의 장가구(張家口) 일대에서 유목생활을 했다. 그들은 수렵하거나 방목, 경작을 했으며 수확물을 동혈의 주거에 넣었다. 당나라 때부터 5대 시기 늘 중원에 드나들며 물품을 교환하였다.

곰부족이 혈거하던 집단마을 고애거(古崖居), 서쪽 근처의 산기슭에 미발굴의 고분이 있다.

이에 따라 현지 학자들은 고애거에 해왕부(奚王府)라는 표시판을 세우기에 이르렀다. 제일 호화로운 동혈은 해족의 친왕이나 군왕의 부저(府邸, 집)라는 것이다. 왕부는 왕조시대 등급이 제일 높은 귀족의 저택이었다.

실제 해왕부는 고애거의 중부에 위치, 규모가 제일 크고 구조가 제일 복잡한 건물이다. 현지인들은 이 동혈을 옛 관아(官衙)라고 부른다. 잔존한 부분은 상하 두 층으로 나뉘며 적어도 8개의 동혈이 있다. 학자들은 동혈의 형상과 구조로 미뤄 또 회의, 집회, 제사의 장소라고 추정한다.

고애거 부근에 나타난 고대 부족은 해족(奚族)뿐만 아니다. 춘추시대(春秋時代, BC 770~BC 403) 고대 민족 산융(山戎)이 연북(燕北) 즉 하북성(河北省) 북부 일대에서 웅거하고 있었다. 이 고애거 일대에 위치한 것이다. 그들은 산속에서 수렵을 위주로 하다가 방목을 하면서 점차 농경 정착을 시작했다. 한시기 산융은 쩍하면 연나라와 제나라 등 나라를 침노하여 이런 제후국의 여러 대에 거친 우환으로 되었다.

지난 1980년대, 북경 문물요원들은 군도산에서 594기의 무덤을 발굴하는데 크고 작은 6만여 점의 유물이 출토되었다. 산융부족의 직인(直刃) 비수식의 청동 단검을 주요한 특점으로 삼은 문화유존이었다. 이에 따라 학자들은 동주(東周, BC 770~BC 256) 때 산융이 군도산 부근에 집거지가 있었으며 이 집거지인즉 고애거라고 추정을 한다.

선사고고학(先史考古學)은 유적지 발굴 등을 통한 고고학적 자료에 의거하여 이 자료물의 연대나 상호 관련성, 사용한 용도 등을 연구, 그 시대의 역사와 문화를 재구성한다. 전문가는 유적지에서 언제 누가 어떻게 살았는지를 판단할 때 발굴의 결과물을 떠날 수 없다. 이것은 또 문헌기록에 따른 개념과 판단, 추리 그리고 지각과 기억, 상상 등으로 인출하는 인지(認知)의 한계에서 벗어날 수 없다. 그리하여 고애거의 동혈 마을에 대한 추측의 시계추는 근처의 유물이 확실하게 제시하는 춘추시대에 이른 후 더는 움직이지 못하고 있는 것이다.

주거지의 산생과 형성은 옛날부터 인간의 생존 특히는 인간의 정치생존과 지밀한 관계가 있었다. 전통적으로 조선인(한국인)들은 배산임수(背山臨水)의 지역에 촌락을 형성하였다. 연변지역의 고구려 산성인 성자산이 바로 이 같은 촌락의 전형적인 형국이 아니던가. 사람들은 또 적을 방비하기 위해 촌락을 요새로 둘러쌓거나 주변에 요새를 지었다. 유럽의 고대 성보(城堡)는 촌락을 지키는 소규모의 요새였고 고구려의 산성과 평지성은 산과 평지에 지은 요새화한 촌락이었다.

고애거는 사실상 후세 유럽의 고대 성보였고 고구려의 산성 자체였다.

답사 후 내가 위챗에 올린 고애거의 사진을 보고 김성찬은 놀라움을 금치 못했다. 금세 손바닥으로 땅을 칠 정도로 몹시 흥분했다. 산속의 벼랑에 요새처럼 지은 옛 마을의 이야기를 어릴 때 귀가 쟁쟁하도록 들었다는 것이다. 그때마다 김성찬은 조모가 손자에게 꿈같은 신화 이야기를 꾸며낸다고 생각했단다. 그런데 가상세계의 전설처럼 들었던 반만년 전의 마을이 갑자기 실물로 되어 눈앞에 생생하게 떠오르고 있었던 것이다.

정말로 신화 같았다. 아니, 반만년 전 인간이 산속의 벼랑바위에 만든 기적이었다.

곰부족의 동혈 마을은 규모가 방대하고 가지런하게 배열되었으며 양식이 다양하다. 단칸방이 있고 본채에 딸린 작은 방이 있으며 상하 복식의 약층(躍層)이 있다. 굴착량이 3,000~4,000제곱미터로 100명의 인간이 쉼 없이 5년 연속 벼랑을 뚫어야 완공할 수 있다고 한다.

"곰부족의 왕자가 살던 옛 마을입니다. 그때 옥과 금 기물 그리고 쫜차(磚茶, 차로 압착한 벽돌의 차) 등 비축했고 부족의 사람들은 주로 이런 장사에 종사했다고 합니다. 마을이 몽골초원으로 가는 중간 역에 위치하는 원인이 있는 거지요."

마을 사람들은 초원의 옥과 금 등속을 가져다가 중원에 날랐고 중원에서 만든 쫜차 등속을 초원에 운반하여 초원의 부족에 팔았다.

김성찬은 쫜차가 우리가 말하는 오늘날의 차의 개념과 사뭇 다르다고 알려준다. "할머니가 말씀하시는데요, 쫜차는 그때 찻나무의 잎과 줄기, 버드나무의 잎 그리고 쑥을 조합한 차였다고 합니다."

쫜차는 오늘날 차나무의 줄기와 홍차 또는 녹차의 부스러기 등을 쪄서 널빤지 모양으로 압축한 뒤 말린 중국차를 말한다. 원료에 녹차를 쓴 것은 녹전차(綠磚茶), 홍차를 쓴 것은 홍전차(紅磚茶)라고 한다. 녹전차는 주로 몽골·시베리아 등지의 필수품이 되어 있는데, 몽골에서는 이를 깎아서 끓여 잡탕 죽을 쑤거나 달여서 차로 마신다.

김성찬은 한때 조모의 이야기대로 옛 쫜차를 빚어 맛보았다. 쓴맛에 깃든 달크므레한 쫜차의 여운은 아직도 쑥의 향기처럼 입가에 남고 있었다.

쫜차와 더불어 조모는 늘 옛 마을에 있던 이런저런 취담을 어린 손자에게 구수하게 이야기했다. 그때마다 조모는 연필로 종이 위에 연이어 크고 작은 그림을 그렸다. 마을과 동혈의 모양이 종이 위에 일일이 떠올랐다.

"그때는 동혈 밖에 또 판자로 덧집을 가설했다고 합니다. 덕대에 다닥다닥 걸린 명태를 방불케 했다고 합니다. 그런데 세월이 지나니 벼랑에서 더는 판자집을 찾아볼 수 없네요."

알고 보면 해왕부라고 하는 귀족의 저택은 실은 곰부족 왕실의 신전이다. 이

일명 해왕부, 위에서 시계바늘 방향으로 1은 종자 보관하던 곳. 2는 박달, 계수, 오동 나무를 두던 곳. 3은 부호문자를 새긴 뼈 등 보관하는 자료보관 장소이다. 아래의 집모양 공간은 무당과 제사장의 등 기거지이다.

멧돼지부족의 신전, 오른쪽부터 신을 공양하는 곳, 접대실, 숙직실.

신전의 맞은쪽 아래 부분의 벼랑에 있는 호화로운 동혈은 멧돼지부족의 신전이라고 한다. 멧돼지부족의 신전 바로 왼쪽에 공주의 침소가 있었다.

벼랑 동혈의 이야기들은 기실 공주와 근신(近臣)을 통해 알려졌고 멧돼지부족에 대대로 유전(遺傳)되었던 것이다.

"동혈 마을의 입구에 신상을 모시는 곳이 따로 있습니다. 곰부족은 태양신을 공양했고 멧돼지부족은 멧돼지 신을 시봉했다고 합니다." 김성찬은 멧돼지부족과 곰부족 두 부족 신전의 동혈 내용을 자세하게 설명했다.

"시집을 온 멧돼지부족의 공주는 차녀나 셋째 이런 정도 아니면 왕족의 딸로 신분이 상대적으로 낮았다고 합니다. 그래서 곰부족 왕자의 첩으로 되었다고 하는데요. 따라서 멧돼지부족의 신전은 곰부족의 신전보다 위치가 낮을 수밖에 없었다고 합니다. 멧돼지부족은 본디 8대 부족 가운데서 제일 강한 부족이었는데요. 남의 처마 밑에 서면 머리를 숙이지 않을 수 없었지요."

경제와 정치로 이뤄진 두 부족 간의 혼인이었다. 한때 두 부족에 갈등이 일어나면서 왕자와 공주의 혼인에는 한때 금이 실렸고 불화가 일어났다. 심지어 멧돼지부족이 공주의 근신과 결탁하여 곰부족의 '고애거' 마을을 진공하는 일까지 벌어졌다.

김씨 가족이 구전으로 전승한 것은 실증학으로 인정하는 역사와는 다르다. 필경 그것은 상상도 하지 못할 다른 세상이 아니던가. 더구나 마을의 서쪽 언덕에 지은 곰부족의 옛 무덤 등 유적과 유물은 아직도 발굴은커녕 발견하지 못한 상태이다.

환웅(숙족조)과 웅녀가 살던 옛 마을은 더구나 신기루 같은 허망한 전설이 되겠다.

반만년 전의 이 마을은 북경 동북쪽으로 약 수십 킬로미터 떨어져있다. 현재 500여 가구의 촌민들이 땜 부근에 집을 짓고 물고기 잡이로 생계를 잇고 있다. 명나라 때의 이주민 후예로 곽씨가 태반이며 이에 따라 마을의 이름을 곽가오(郭家塢)라고 지었다고 회유(懷柔)의 현지(縣志)가 전한다.

김씨 가족에 기재된 고대 마을의 이름은 무려 20획이나 되는 복잡한 글자를 쓰고 있다.

"옛날에는 알묘목(齾苗木)라고 불렀다고 합니다. 토기와 골기 등을 아주 정교하게 만들던 이름난 고장이라고 합니다."

이 빠질 알(齾)은 '치아가 빠지다' 또는 '그릇의 가장자리나 칼날이 빠지다'를 뜻한다.

사실상 무명의 신이 정착했던 호랑이부족의 마을도 작명을 할 때 괴이한 옛 글자를 지명에 넣고 있었다. 이 마을은 북경 시내 동쪽에서 강 하나를 사이에 둔 삼하(三河)에 위치하는데, 근세에 또 새 마을이 일떠섰으니 이번에는 범 호자를 넣어 호장장(虎將庄)이라고 부른다. 자칫 상고시대의 호랑이부족의 의미를 넣은 것으로 생각할 수 있겠으나 실은 주변에 여러 강이 흐른다고 해서 지은 이름이다. 구하(泃河), 여하(洳河), 포하(鮑河) 등 세 강이 마을 근처를 흘러 지나고 있다.

김성찬은 고대 마을의 이름이 반벽(槃馥)이었다고 말한다.

"글자가 뜻하는 의미가 참 재미있습니다. 화살이 꽂히는 소리 벽(馥)은 뜻을 나타내는 향기 향(香)과 음(音)을 나타내는 復(복)으로 이뤄집니다. 쟁반에 '좋은 향기'를 담는다는 뜻이 되지요."

하긴 존귀한 천신을 마을에 모셨으니 세상의 향기를 한 몸에 다 품은들 그러하랴!

그러나 치우 부족연맹은 황제 부족연맹과 격돌하여 탁록(涿鹿)대전에서 패배한 후 큰 위기에 빠진다. 뒤미처 치우 부족연맹은 이산(離散)하여 산지사방으로 흩어졌다. 대부분은 대륙 서남부로 쫓겨나고 일부는 동부로 탈출했다.

화와 복은 별개가 아니라 꼬아진 노끈처럼 항상 같이 붙어 다닌다.

곰부족의 왕자인 환웅(숙촉조)의 아들은 이때 도주하여 멧돼지부족에 은신하며 부족의 군주 단군의 사위로 된다. 미구에 그는 늑대부족과 호랑이부족 일부를 신변에 불러 모으고 합심하여 쿠데타를 일으켜 단군으로 되는 것이다.

어찌하든 탁록대전은 벼랑 동혈의 곰마을에 큰 불티를 튕겼다. 곰부족이 황제와 적대적인 진영에 있었고 또 대전이 일어난 탁록의 평야가 동혈 마을에서 서쪽으로 겨우 100리 안팎에 지나지 않았다. 전쟁 후 왕자는 공주를 데리고 마을 사람들을 인솔하여 부랴부랴 벼랑 동혈을 떠났다. 세월이 흐른 후 동혈의 마을은 무당의 옛 기억에만 남으며 세간에는 결국 실전된 미지의 역사로 된다.

2절

열두 마리의 새가 내려앉은 불야성

그곳은 실전된 미지의 역사였다.

언제부터인가 강기슭에는 세 무지의 흙더미가 쌓여 있었다. 흙더미는 마치 하늘의 삼태성이 무리로 땅위에 내려앉은 것 같았다.

"옥황상제가 하늘에서 세 줌의 흙을 압자하(鴨子河) 기슭에 뿌렸는데요, 이 흙들이 무지를 이루고 마치 가지런히 대열을 지은 세 별을 연상케 한다는 거지요."

중국의 사천성(四川省) 광한시(廣漢市) 현지에는 이렇게 전한다. 항간에서도 그냥 삼성퇴(三星堆)라고 부른다. 학자들은 실제상 천년 도읍의 성벽이 무너지면서 생긴 흙무지일 뿐이라고 말한다.

그러나 김성찬은 제단의 유적 자리인 것 같다면서 머리를 갸우뚱했다. 제사를 지내면서 겹겹이 쌓아올렸다는 것이다.

"옛날 제사에는 기도 의식만 아니라 제물을 태우고 깨버리거나 그곳에 묻었거든요."

삼성퇴 유적지 전경.

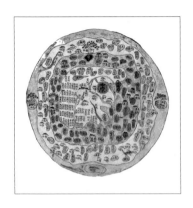

'산해경'에 나오는 천하도(天下圖), 일본 등 국명이 나오는 걸로 미뤄 적어도 당나라 후에 만든 지도로 추정된다. 해가 떠오르는 부상나무, 신의 섬 봉래섬 등과 상아, 조가비가 나는 단협국과 오축국 등이 다 표기되어 있다.

나무줄기 아래의 그림은 돈 조가비이며 위의 사람은 상도(商道)를 오가는 상인이다.

언제인가 그는 처와 함께 일부러 삼성퇴에 다녀온 적 있다. 김씨 가족에는 삼성퇴의 이야기가 대를 이어 전승되고 있다. 북경의 고애거(古崖居)처럼 가족에 신화 같이 전해오던 신비한 이야기가 있었다. 그래서 기회가 되면 하늘 아래 꼭 다녀오고 싶은 곳이었다.

삼성퇴는 1929년 봄 한 농부에 의해 우연히 발견되었다. 정작 대량 발굴을 시작한 것은 1980년대 중반이다. 1986년 상나라 때의 두 제사 구덩이가 발견되면서 세상을 뒤흔들었다. 중원의 황하유역이 아닌 사천 땅에서 그에 버금가는 아니, 더 우수한 청동기들이 무더기로 쏟아져 나온 것이다. 천여 점에 달하는 이런 희대의 문물은 나중에 세계 '제9대 기적'으로 불렸다.

삼성퇴는 독자적인 아주 발달한 문화를 가지고 있으면서 또 중원 등 다른 지역과 교류를 했던 흔적이 보인다. 중원계의 존형(尊形) 청동기가 1점 발굴되며 또 대륙 남부 지역의 상아와 조가비가 발견된다. 삼성퇴는 대륙 동부의 단군부족과 마찬가지로 상아는 오축국(郚蠿国) 즉 지금의 미얀마 지역에서 수입했고 조가비는 또 단협국(单峡国) 즉 지금의 베트남에서 수입했다고 김씨 가족이 기록한나.

삼성퇴에서 발굴된 청동 기물에는 조가비 그리고 상도(商道, 무역도로)를 오가는 상인이 조각되어있다. 인류문명의 교류가 진행된 '실크로드'는 상고시대부터 대륙 오지를 해변과 그 주변의 나라와 잇고 있었던 것이다.

그런데 대륙 오지의 삼성퇴에 생활하고 있던 옛 부족은 상고시대에 어떻게 중원에 드나들고 먼 해변까지 닿을 수 있었을까.

삼성퇴의 제사 구덩이에서 발견, 발굴된 유물은 수두룩한 미스터리를 낳는다. 무엇보다 삼성퇴에서 무슨 부족이 어떻게 생활했는지는 아직도 미스터리의 역사로 되고 있다. 그들의 선진적인 청동기 제련기술은 어떻게 산생되었는지 그리고 황금 지팡이와 기물에 있는 부호는 무슨 뜻인지…

고고학 전문가들은 무더기로 쏟아지는 유물에 연신 머리를 흔들었다.

"삼성퇴에 관한 정보는 오늘도 그냥 '추측'과 '가능'이라는 어휘가 뒤따릅니다. 역사적인 단층이 생겼기 때문이지요. 기존 문헌에 삼성퇴의 기록이 없고 삼성퇴에서 발굴된 문물에도 역사기록이라고 할 수 있는 문자가 발견되지 않았습니다."

사실은 삼성퇴의 유물에 문자부호가 발견되었다. 그러나 종내 해독하지 못하고 있으니 문헌기록이 없는 것과 다름이 없다.

고애거의 동혈 마을처럼 전문가들은 삼성퇴의 역사를 추정하여 주장할 따름이다:

지금까지 발견, 발굴한 유적과 유물에 따르면 삼성퇴는 신석기 시대로부터 서주 초기 즉 5,000년 전부터 3,100년 전까지 존재했다고 한다. 김씨 가족의 기록은 이 역사 연대에 사학자들의 판정과 약간의 차이가 있다. 삼성퇴의 도시국가는 약 3,700년 전에 멸망했다는 것이다.

김씨 가족은 상고시대부터 삼성퇴의 이야기를 기록, 전승하고 있다.

김성찬은 삼성퇴의 옛 주인 신분부터 밝혔다. "삼성퇴에서 생활했던 부족민은 익인(翼人)이라고 하는데요."

익인은 중국의 고대 신화에 출현하는데, 이때는 하늘을 나는 선인(仙人)들이었다. 다른 선인들과 달리 몸에 날개가 있다고 한다. 최초로 『산해경』에 글로 기록되며 익민(翼民)이라고 불렸던 것이다. 이름 그대로 몸에 깃털이 나거나 깃털 옷을 입고 날아예는 사람이라는 것. 도교에서는 도사를 익사(翼士)라고 하며 신선이 되는 것을 '우화등승(羽化登升)' 즉 득도하여 하늘에 올라 신선으로 된다고 말한다.

"익인은 단군부족과 많은 연계가 있었던 사람들이라고 합니다." 김씨 가족의 기록에 따르면 환웅(숙촉조)과 같은 계열의 높은 신이 삼태성 부근에서 내렸으며 익인을 관리했다. 이에 비하면 환웅(숙촉조)은 한 등급 낮은 집행자 지어 심부름꾼의 신분이라는 것이다. "신은 (삼성퇴의) 익인에게 많은 능력과 재간을 가르쳤다고 합니다."

그렇다면 익인은 정말 나중에 새처럼 하늘에 날아올라 선인으로 되었을까…

할아버지는 익인의 많은 이야기를 손자에게 이것저것 들려주었다. 익인은 제사를 올리고 제물을 묻은 후 그 위에 다시 짓는 식으로 신전을 피라미드처럼 쌓아올렸다고 한다. 그래서 일부 제사 구덩이는 아래 부분을 더 파면 또 제사물이 나오게 된다는 것이다.

익인의 도읍은 소실되기 전까지 대륙에서 제일 발달한 고장이었다. "아침에

삼성퇴에서 발굴, 복구한 새 열두마리의 청동 나무.

해가 뜨면 온 도시가 금빛으로 번쩍이는 황금성이었고, 저녁에 해가 지면 불빛으로 번쩍이는 불야성이었다고 합니다.”

김성찬은 전설처럼 들었던 신수(神樹) 부상(扶桑)나무를 삼성퇴박물관에서 만난다. 청동으로 만든 이 나무에는 층층마다 각기 한 마리의 새가 앉아있었다. 도합 열두 마리이었다.

“문헌에 적혀 있는 게 없으니 발견된 열두 마리의 새 조각물로 전반 형국을 꾸미며서 복구한 것 같은데요. 실은 열세 층의 나무줄기에 열세 마리의 새가 앉아있어야 합니다. 여기에서 새는 무족(巫族)을 대표하는데요, 무족은 도합 열세 개입니다. 그리고 부상나무의 꼭대기에는 태양신의 대표인 삼족오가 있어야 합니다.”

이번에 김성찬은 삼성퇴의 현지에 직접 가서 또 많은 이야기를 발견했다.

삼성퇴에서 유적은 현재 여섯 곳 정도 발견, 발굴되었으며 최소 서른 곳은 아직 발굴되지 않은 상태이다. 귀물이 많이 묻힌 동남쪽의 경문(景門) 일대도 여전히 미발굴지로 되어 있단다.

고대 성곽은 궁전 옛터로 별자리에 따라 길한 곳을 찾고 흉한 곳을 피해 지었다면서 김성찬은 삼성퇴의 유적지를 오행국(五行局)의 여러 칸에 하나하나 표시했다.

“궁전의 생활구는 이(離)의 위치인데요. 정남쪽의 이곳에 왕궁의 큰 회의실이 있습니다. 지금으로 말하면 중국의 인민대회당 즉 국회 의사당 같은 자리이지요.”

“하늘에서 불(離, ☲)이 번쩍이고, 우레(震, ☳)가 내리지요. 우레 진(震)의 위치는 태자와 공주의 생활지역입니다.”

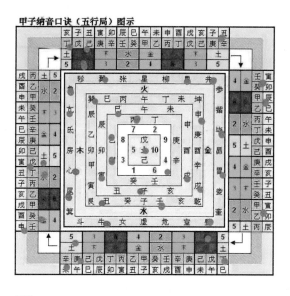

오행국에 표시한 빨간점은 이미 발굴된 곳이며 기타 보라색의
점은 미발굴 유적지이다.

"제일 북쪽에 왕궁 자리가 있어요. 태괘(兌卦)의 위치는 식량을 저장하던 곳입니다. 건괘(乾卦)의 위치는 금 기물을 만들던 곳입니다."

"토(土)의 위치는 주무당(主巫鐺)의 자리이니 왕과 장로, 태자 그리고 무사의 회의실이 있습니다."

"묘(卯)는 토끼이니 옥토끼가 있는 달을 의미합니다. 달은 생명이 죽지 않고 죽으면 재생하는 신명입니다. 죽었다가 다시 살아나는 힘을 상징하지요. 그래서 전사(戰死)한 사람을 모시는 영령전(英靈殿)이 있는 곳입니다. 시신을 7일 놓아두고 신이 전사자의 영혼을 데리고 가길 기다립니다."

"임(壬)은 큰물을 상징합니다. 오른쪽에 명신전(冥神殿)이 있어요. 전사자의 영령을 배에 태워 다른 세계로 보냅니다. 이 배에 구멍을 뚫어 배를 도중에 갈아 앉힙니다.

부족을 인솔하여 제사를 지내고 신을 모시는 것은 부족장 즉 큰 법사이다. 그에게 신은 황금 지팡이를 내려 주었다. 황금 지팡이는 법장(法杖)으로 법사(무당)의 지고무상의 권력을 상징한다. 황금으로 만든 지팡이에는 물고기, 탈, 화살 등 부호가 그림으로 새겨졌다.

학술계에서는 인간은 시초에 '결승(結繩) 기록' 즉 노끈으로 매듭을 지어서 기억했다고 주장한다. 문자의 탄생은 시공간을 뛰어넘어 인간이 기억을 영구 보존할 수 있게 했다. 토템 숭배에서 기원되었으며 그림으로부터 문자로 과도되었다는 것이다. 이에 따라 현지의 학자들은 삼성퇴의 황금 지팡이에서 발견된 장식품의 그림도 그 무슨 문자일 수 있다고 추측한다.

실제로 황금 지팡이의 부호 그림은 익인들이 상고시대 사용한 시초의 토템문자이다. 김성찬은 지팡이에 그린 그림들을 일일이 해독했다.

"그림의 물고기는 아가미가 다 붙어있는데요. 연접이라는 의미를 가집니다."

"다시 말해서 하늘과 땅, 인간이 연접한다는 뜻이지요. 하늘에서 나는 것, 땅에 사는 인간 그리고 물에 헤엄치는 것 모두를 법사는 다 통제할 능력을 가진다는 뜻입니다."

"쉽게 말하면 법사는 날짐승과 인간, 물고기 등 만물을 통제한다는 것입니다."

"법사는 이런 신기한 능력을 자기의 몸에 넣을 수 있습니다."

"화살 자체가 부호문자입니다. 탈의 그림은 눈동자의 위치에 따라 각기 서로 다른 문자로 해독됩니다."

"토템 부호문자는 또 신이 오르내리는 시간과 장소를 가리키는데요. 눈의 부호문자는 바로 신이 내리는 방향과 장소를 가리킵니다."

"…"

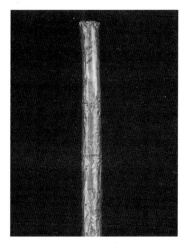

법장의 금지팡이에 새겨진 물고기와 인
물, 그리고 화살은 모두 의미를 전하는
토템부호의 문자이다.

법장에 새겨진 물고기와 탈, 그리고 화살
은 모두 의미를 전하는 부호문자이다.

　토템의 부호문자가 새겨진 황금 지팡이는 토템문자와 더불어 마을의 익인들
에게 전수된 것이다. 천 년 후 삼성퇴의 기물에는 또 한 번 부호문자가 나타난다.
도합 7자이다. 이번에는 익인과 마을의 이야기이다.

　삼성퇴의 부호문자를 해독하면 곧바로 세상에 지난 역사를 재생할 수 있다.

　그러나 대륙의 학자들은 삼성퇴에서 발견된 부호문자는 계통적인 문자로 발
전하는 과정에 이미 훼멸되었다고 주장한다. 하긴 상나라 이전에 벌써 부호문자
가 있었다고 하니 말도 안 되는 엉터리라는 것이다.

　기실 삼성퇴의 일곱 개의 부호문자는 하남성(河南省) 무양(舞陽)의 가호촌(賈湖

三星堆遺址出土
陶器刻划符号图录

Antique Catalog of Engraving Signs on Pottery
Unearthed at Sanxingdui Site

这些刻划符号出自三星堆遺址出土的
陶器残片上，其意为何不得而知，或系祭
祀...

삼성퇴 유적지에서 출토된 기물의 일곱
개 부호.

村) 고분에서 출토된 갑골의 부호문자와 동일
한 계통의 부호문자이다. 그런데 가호촌 고분
의 갑골문은 상나라 은허의 갑골문보다 시기
적으로 거의 3천년을 앞지른 약 8천 년 전의
부호문자이다. 이 갑골문은 귀문(鬼文) 제5국
(局, 종)의 혼문(魂文)이라고 하는데, 영혼의 배
웅(送魂)과 영접(迎魂)의 기술, 방법을 서술하
고 있으며 또 각이한 조합법 등으로 부족과
마을의 생활을 기록하고 있다.

"삼성퇴 일곱 부호문자의 첫 부호는 홀로
나올 때는 얼굴(죄)을 씻는다는 의미를 가집
니다. 또 산의 기혈(氣血)인 풍혈을 뜻합니다.
산의 기맥을 다 꿰뚫어 본다는 뜻입니다."

김성찬은 기물에 있는 다른 부호문자도 일
일이 설명했다.

눈 모양의 문자 바로 아래의 부호는 경우
에 따라 곡물과 소장이라는 뜻을 가진다. 음
식 등을 만드는 화구(火具)와 연관되며 빌리고
빌려준다는 의미도 있다.

풍혈의 부호와 곡물, 소장 등의 부호를 아
래의 부호와 함께 읽으면 땅을 보고나서 어느
만큼 뜯어가고 본인의 소유로 만든다는 의미

가 된다.

오른쪽 네 개 부호의 세 번째 부호는 숫자적인 의미를 가진다. 동네에 서른 셋 가구가 있다는 것이다. 이 줄의 마지막 부호는 독 모양으로 저축통장 같은 의미를 가진다. 반년 혹은 일년 저금한 후 (이자 같은) 비용을 지불해야 한다.

왼쪽 줄의 첫 부호는 집과 굴이라는 뜻으로 거개 양곡 창고를 의미한다. 아래의 부호는 사망 혹은 중생(重生)을 뜻하며 또 얼마를 주고받는 거래를 했다는 의미를 가진다. 마지막 부호는 식량을 저장하는 의미로 양곡이 집에 얼마나 들어왔다는 뜻이다.

"그때 사람들은 거의 다 수자가 어느 정도라고 확실하게 표시할 줄 몰랐습니다. 그저 많다거나 적다는 것으로 수량을 표기했어요. 이 부호는 많이 들여왔다 (내갔다)고 해석할 수도 있습니다. 가로줄이 세 개면 딸을 표시하고, 두 개면 아들을 표시해요."

김성찬은 그림을 손으로 짚어가면서 자세하게 설명했다.

"이 그림 부호는 가로줄이 세 개이니 딸을 표시하는 겁니다. 또 출가의 의미를 가집니다. 족장의 딸이 출가할 때 신랑 측에서 혼수품으로 양곡 등을 얼마 보냈다는 뜻이 되겠네요. 그림을 읽게 되면 혼수품으로 항아리 열 개, 청동 기물 열 개, 소 두 마리, 천 여섯 필, 쌀 여섯 광주리를 보낸 것으로 나타납니다."

쌀뒤주에 양곡이 그득 차고 처녀총각이 혼인을 맺는다. 족장의 웃음주머니가 흔들흔들한다. 그러나 부족에는 미구에 뜻하지 않게 악운이 들이닥치고 있었다. 광석을 채굴하면서 압자하에 오물이 흘러들었고 오염된 강이 도시의 주변을 흐르면서 익인들에게 전염병이 돌기 시작했다.

"다리뼈가 썩어서 문질러지는 병인데요. 나이를 먹을수록 더 심해졌다고 합니다. 미구에 익인들은 부득불 서쪽의 어디론가 집단 이주를 했다고 합니다."

이때가 3천여 년 전이니 전문가들이 유물에 근거하여 추정한 연대와 근사하다. 삼성퇴는 종국적으로 폐허로 남으며 익인은 김씨 가족의 기록에 더는 나타나지 않는다.

3절

대륙을 잇는 바다의 육교

마을에 괴질(怪疾)이 생기자 시체더미가 곧 산을 이뤘다. 엎친 데 덮친 격으로 다른 부족이 대거 침입했다. 상탕(商湯, 약 BC 1600~BC 1046년)은 또 여러 방국(方國)을 연합하여 하(夏)나라를 정벌하였다.

익인(翼人)이 쌓은 업장(業障)을 제거하려는 듯 신은 삼성퇴에 다시 나타났다. 그는 뒤미처 마을의 익인들을 인솔하여 서쪽 땅으로 이주했다.

"출발 전에 익인은 성곽의 유물들을 훼손하거나 소각하고 땅에 파묻었다고 합니다."

익인이 김씨 가족에 남긴 마지막 기억이다. 이로써 익인의 나라 할연(鎋嬿)은 고무지우개로 지우듯 세상에서 감쪽같이 사라졌다.

할(鎋)은 차축을 연결하고 고정하는 양쪽 머리의 핀을 말하며 연(嬿)은 미인을 이르는 말이다. 나라가 망하자 부족민을 연결하여 한데 뭉치던 핀이 확 풀려버렸다. 사나이들이 어디론가 가버렸고 미인들도 어디론가 가버렸다.

뒷이야기이지만, 익인 부족의 일부는 훗날 조소(鸟巢) 종족으로 되었고 또 일부는 집잠(亼蠶) 종족으로 되었다고 한다. 집(亼)은 옛 문자로 모을(集)과 같은 의미이다. 누에 잠(蠶)은 갑골문에 처음 나오는데, 위진(魏晉) 시기의 해서(楷書)에서 이 글자를 볼 수 있다. 이름에 나오는 글자의 뜻처럼 집잠 종족은 누에의 실로 천을 짤 줄 알았다고 한다.

김씨 가족이 나중에 띄엄띄엄 주워듣고 기록한 삼성퇴의 토막 이야기이다.

불야성은 칠흑 같은 도시로 되었으며 쥐 죽은 듯 잠잠해졌다.

변혁은 세계에 존재자의 존재를 지우거나 새롭게 부각한다. 인간 세상에 큰 변혁이 일어날 때면 하늘에서는 달을 중심으로 금성, 수성 그리고 화성, 목성, 토성 이 오성(五星)이 하늘에 둥글게 원을 그린다. 금환(金環)이다. 하늘에 그린 이런 거대한 별 그림은 기실 인제 세상에 일어날 변화를 일찌감치 예시하고 있는 것이다. 이 무렵이면 땅위에는 뱀이거나 네발짐승, 날짐승이 시도 때도 없이 출몰하는 이상(異象)이 나타나며 뒤미처 지진, 홍수 등 재앙이 일어난다.

—
자동차가 회전할 때 사용하는 조형장치 모양의 기물.

삼성퇴의 운전대 모양의 청동 기물은 바로 천상(天象)의 오성 금환(金環)을 의미한다.

"일부 사학자들은 이 기물을 자동차가 회전을 할 때 사용하는 조형장치 등속으로 분석하는데요. 이건 무속 생활에 너무 깜깜하거나 무시하기 때문입니다." 김성찬은 이렇게 한마디로 찍어서 말한다. "실은 오성(五星)을 시계바늘 방향으로 회전하는 것을 형상한 기물입이지요."

마치 기약을 하듯 정해진 운명이다. 36년 내지 50년을 주기로 지구에는 큰 변화가 일어난다. 오성이 금환을 그리거

삼성퇴에서 발굴된 그림, 오성을 시계바늘방향으로 돌린 후 발생된 결과물(五星正轉)를 표현한 그이다.

나 대열을 지어 한 줄로 서는 이상한 현상이 다섯 번 나타나면 주(㕭)라고 한다.

주(㕭)는 닭을 부르는 소리를 말하니, 정말로 곧 어둠이 물러가고 동이 터오려나.

"이때면 세계가 다시 조절됩니다. 마작 노름에서 패를 뒤섞는 것과 같은 얘기이지요."

김성찬은 삼성퇴의 대표적인 문물을 하나하나 설명했다. 땅 밑에 묻혀있던 상고시대의 이야기가 세상 밖으로 얼굴들을 드러내는 순간이었다.

거의 3미터 높이의 장신인 청동 입상(立像)은 예기(禮器)이다. 신이 내릴 때 그를 마중하여 손에 불을 지핀 큰 촛대 모양의 기물을 들고 있는 것이다. 옛날 김씨

삼성퇴의 대표적인 청동 입상, 가슴에 무엇을 껴안고 있는 것일까.

눈에 꽂힌 막대기 모양의 기물 그리고 이마에 걸려 있는 기물은 현미경 등속의 기구이다.

가족이 기록으로 남겨 후대에 전승하지 않았던들 삼성퇴의 영원히 풀지 못할 미제(謎題)사건으로 남을 뻔 한 것이다.

더구나 기이한 기물이 있다. 눈에 막대기 모양의 기물이 꽂히고 콧등과 이마를 지나 머리 위까지 솟은 이상한 막대기는 또 무엇일까.

"이 기물은 쇠그릇 엽(鎑)이라고 부릅니다." 김성찬은 쇠그릇의 남다른 용도를 자세하게 설명하였다. "광물에서 에너지를 채취할 때 사용하는 기구이지요. 이때 안경 모양의 기구를 눈에 걸어요. 콧등에 걸린 것은 이 기구의 높낮이를 조절하는 기기(器機)입니다."

신기한 기물은 신기한 세계로 가는 길을 닦았다. 그러나 이로 하여 일어난 천지개벽은 또 불운을 안아왔다. 무제한의 광물 채굴로 생태환경이 대거 파괴되었다. 익인들은 부득불 정든 고향을 떠나야 했다.

그렇다면 익인들의 최종 정착지는 어디였을까…

훗날 사람들은 바다 건너 서쪽의 아메리카 대륙에서 깃털문화의 부족민을 발견한다. 아닌 게 아니라 인디언은 복장이 『산해경』에 서술된 익민과 아주 흡사하다. 깃털로 옷을 지으며 머리장식을 하는 등 인디언의 깃털문화는 그야말로 익민을 연상케 한다.

그런데 인디언인즉 바로 상고시대 유라시아 대륙에서 아메리카 대륙으로 이주한 선민의 후예가 아니던가. 분명한 건 인디언이 삼성퇴의 익인 후예는 아니라는 것이다. 인디언은 1만여 년 전 벌써 아메리카 대륙에 이주하였었다.

그럴지라도 인디언은 한사코 아메리카를 중국 대륙과 한데 묶으려는 것 같다. 멕시코의 올메크(Olmec Head)문명 유적에서 1955년 '옥규(玉圭)'가 출토되는데, 이 옥 기물에 중국 대륙의 갑골문이 나타나는 것이다. 이 갑골문에는 삼성퇴에서 발굴된 기물에 그려 있던 부호문자와 동일한 그림이 들어있다. 그리고 멕시코의 옥규는 중국 안양(安陽)의 은허(殷墟)에서 출토된 옥규와 쌍둥이처럼 똑같다.

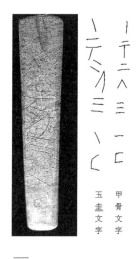

인디언의 옛 옥기물에 새겨진
갑골문 혼문(魂文).

갑골문은 일명 은상(殷商)문자라고 불린다. 상나라 때 생긴 문자라는 게 일반적인 견해이다. 따라서 적지 않은 학자들은 상나라 때 일부 유민들이 아메리카 대륙으로 이주했으며 이때 상나라의 유습을 아메리카 대륙에 전해졌다고 말한다.

때마침 이상한 사건이 일어났다. 기원전 1045년, 주나라 무왕(武王)이 상나라의 도읍을 공략하고 주왕(紂王)이 녹대(鹿臺)에서 스스로 불에 타 죽었다. 이즈음 산동 일대에 있던 은나라 군대의 통수 유후희(攸候喜)와 그가 인솔하던 군인과 노예 군체가 갑자기 통째로 어디론가 사라졌다. 지금 적지 않은 학자들은 그들이 이때 배를 타고 태평양 양류를 따라 아메리카 대륙으로 갔거나 육로로 베링 해협을 지나 아메리카 대륙으로 갔다고 믿고 있다.

인디언에게 대대로 유전되고 있는 노래 'hosi 왕의 노래'에 이 천년의 이주사를 전하는 듯한 구절이 있다. "25개의 부족은 형제이니라/hosi를 따라 하늘의 부교(浮橋)를 건너니라/도중의 어려움을 잊을 수 없네…" 'hosi'는 은나라 통수 유후희를 본 딴 이름과 흡사하며 하필이면 부족이 25만 명의 군대를 비유하듯 25개 숫자로 나온다. 정말로 인디언의 기원이 중국 상나라의 이민이라고 가사에 암시하는 듯한다.

실제 유라시아 대륙과 아메리카 대륙은 한때 다리처럼 한데 이어졌었다. 시베리아 축치 반도에서 베링 해협을 지나 알라스카에 이르는 것은 지난 10만년 동안 두 대륙을 연접한 유일한 육로였다. 태평양 수면은 여러 번이나 지금에 비해 약 100미터 내지 200미터 낮았으며 이때면 베링 해협의 해저가 수면에 드러나 '베링 육교'를 형성했다. 육교를 통해 두 대륙의 인간과 동물이 다른 대륙으로 건너갈 수 있었다. 이때 선민들의 원시적인 항해기술로는 아시아에서 태평양을 건너 아메리카 대록에 건너 갈 수 없었다. 그때는 아예 '항해'라는 이 개념이 없었다. 베링 육교를 통한 육로는 상고시대 동북아의 선민들이 아메리카 대륙으로 이주하는 노선이었다. 베링 육교가 마지막으로 다시 한 번 열린 것은 1만 5,500년 전과 1만 1천 년 전 사이인 것으로 알려진다. 상나라 유민이 아메리카 대륙에 이주하려면 타임머신을 타고 수천 년 전의 신생대로 돌아가야 한다는 얘기가 된다.

잠깐, 멕시코 옥규의 부호문자는 하남성 무양(舞陽)의 가호촌(賈湖村) 고분에서 출토된 갑골문자에도 나타나는데, 이 고분은 분명히 상나라를 약 4천년이나 앞지른 7, 800년 전의 유적이다. 갑골문은 상나라 때 사용된 부호문자일 뿐이며 그렇다고 해서 상나라에서 기원한 것은 아니다.

멕시코의 옥규는 본디부터 어느 지역의 어느 특정 부족 전유물이 아니었다. 중국 대륙의 일부 부족은 상고시대 천장(天葬)을 할 때 이런 기물을 사용하였다. 천장은 주로 티벳에서 행하며 몽골족, 먼바족(門巴族)도 천장을 행한다. 사람이 죽은 후 사체를 천장을 하는 곳(주로 언덕)에 옮긴 후 사체를 머리와 몸체, 사지 순으로 차례대로 덩어리로 해체하여 새들이 먹게 던져 준다. 매장을 하게 되면 죽은 자가 영원히 다시 태어나지 못하고 새들이 먹게 되면 죽은 자의 영혼이 하늘로 올라갈 수 있다는 것이다. 이때 천장사(天葬師)가 사체를 해체할 때 사용하는 도구가 바로 도끼나 칼 역할을 하는 '옥규'였다.

사전적으로 옥규는 벼슬아치가 임금을 만날 때 손에 들던 홀(笏)을 이른다. 홀은 중국 대륙에서 대개 주나라 때부터 사용되었다. 멕시코에서 출토된 '옥규'는 시기나 모양으로 이뤄 분명히 홀이 아니다.

김성찬은 이 기물을 '옥규'가 아닌 체낭(瑐齉)이라고 불렀다고 알려준다. 가족사에 기록되어 있는 옛 이름이다. 체(瑐)는 칼로 벤다는 뜻이며 낭(齉)은 코가 막힌다는 것으로 칼로 코를 베거나 찌른다는 의미를 가진다.

"기물 체낭에 새긴 부호는 가호촌의 갑골문과 삼성퇴의 갑골문과 같은 문자입니다. 역시 귀문(鬼文) 제5국(局, 종)의 '혼문(魂文)'이지요."

"체낭(옥규)의 부호는 음문(陰文)으로 해독해야 합니다."

"이때 부호 '一'는 '방'의 발음으로 읽는데요, 건(乾), 하늘을 뜻합니다. '二'는 '만'의 발음으로 읽는데요, 이때 이차(異次) 공간을 말합니다. 부호 '二'의 아래에 '\'가 달린 것은 제단에 (사체를)를 올린다는 뜻입니다. 부호 '三'는 천, 지, 인으로 만물을 이르는데요, 경우에 따라 또 숫자적인 의미를 가집니다. 부호 '∧'는 혼을 끌어간다는 뜻인데요, 방향에 따라 삶과 죽음의 의미로 달라집니다. 마지막 부호 'ㄷ'는 절단, 박리(剝離)의 의미를 가져요. 기물 자체가 끌 같은 겁니다."

"혼문(魂文)은 오성(五星)에 들어가서 성문(星文), 화문(火文), 골문(骨文) 세 유형으로 나뉩니다. 약간 복잡하지만 이때 부호문자의 국(局, 종)이 달라지고 명칭도 달라집니다."

"동일한 글이지만 음문이 아닌 양문으로 읽으면 뜻이 달라집니다."

"「천부경(天符經)」의 경문에도 이런 부호가 다수 나오는데요. 역시 혼문(魂文)이지만, 이때는 양문으로 해독해야 합니다."

천부경의 경문은 혼문(魂文)의 108개 음양 두 부호문자 가운데의 양문(陽文)을 사용했다.

"…"

부호문자 혼문은 영혼의 배웅(送魂)과 영접(迎魂)의 기술, 방법을 서술하며 또 각이한 조합법 등으로 부족과 마을의 생활을 기록한다는 내용을 다시 상기하게 되는 대목이다. 기실 기물 '옥규' 즉 채낭의 '천장(天葬)' 이야기는 대륙 중원에서 늘 발생되고 있었다. 신석기 시대 여러 지역과 마을, 부족에 다반사로 생기던 사건이었다.

1978년 하남성(河南省) 여주시(汝州市) 염촌(閻村)이 천연색 토기가 출토되었다. 약 6천 년의 역사를 가진 이 토기는 전문가들에 의해 장례 기구로 판정되었다. 지금까지 중국에서 발굴된 제일 이르고 그림 크기가 제일 큰 토기로 국무원에 의해 출국 전시가 허용되지 않는 64점 문물의 첫 자리를 차지했다.

하남성에서 발굴된 새와 물고기,
돌도끼의 국보급 천연색 토기.

일명 관어석부도(鸛魚石斧图)의 천연색 토기를 두고 현지의 학자들은 새를 숭배하는 황제(黃帝)부족이 물고기를 숭배하는 염제(炎帝)부족과 싸워 이겼다고 자의적으로 해석한다.

"이 토기가 산 사람에게 쓰는 물건이 아니라는 얘기는 맞습니다." 김성찬은 토기의 그림을 하나하나 짚어가며 설명을 했다.

"이건 부족의 죄인을 처형하거나 포로를 처형할 때 사용하던 기물입니다. 심장과 밸 등을 뽑고 끊어 토기에 담아요."

"삼성퇴의 부호문자가 여기에도 나타나는데요. 이 토기의 부호문자는 이때 귀문의 음양문(陰陽文)에 속합니다. 음양문은 신에게 올릴 때 사용합니다."

"토기의 부호는 천벌을 준다는 뜻으로 나오고 있습니다."

"이때 도끼 모양의 기물은 바로 체낭과 비슷한 도구를 이릅니다."

"도끼에 그린 부호는 이 도구로 도합 500명을 처형했다는 것입니다. 점과 곱하기 부호는 백을 다섯으로 곱한 숫자를 의미하지요."

"새는 머리를 대표하는데요, 이 토기와 한데 이으면 두개골을 빠개서 뇌수를 빼낸다는 의미를 가집니다. 물고기는 밸을 상징하는데요, 밸을 꺼낸 후 나중에 나무꼬챙이에 꿴니다."

"황제부족은 태양새에서 비롯되지만 새가 토템이 아닙니다. 그리고 염제부족의 토템은 물고기가 아닙니다."

"…"

토기에 담은 피비린 이야기에 황제는 나타나지 않고 있었다. 그런데 황제는 이번에는 바다를 건너 저쪽의 세계에 그의 그림자를 비낀다.

제7장

유리로 된 저족의 세계

신화 이야기이다. 아니, 전설처럼 구전하는 설화이다.

인간의 출생과 행적, 초자연적인 현상은 언제나 기괴하고 흥미롭다.

그래서 신화 이야기는 늘 신비하다. 도저히 이해하기 힘든 미스터리이다.

정말 그렇지 않던가. 옛날 옛적에 바다에서 반인반수(半人半獸)의 인어(人魚)가 파도를 타고 자맥질을 하였으며 산속에서 반인반수의 수인(獸人)이 수풀을 헤치고 뛰어다녔다.

알고 보면 반신반수(半神半獸)의 신화 이야기이다. 그때 그 시절에 인간은 아직 세상에 나타나지 않았기 때문이다.

실제로 최초의 인간 '아담'은 이때로부터 한참 후인 약 7천 년 전에 출현하였다고 『성경』이 기술한다. 중화민족의 시조 황제(黃帝), 동이족의 시조 치우(蚩尤)도 다 이맘때 나타나며 이때는 역시 인간의 형상으로 등장하고 있다. 다만 치우는 아직도 머리에 쇠뿔이 돋아있는 우두인신(牛頭人神)의 기괴한 인간상을 보이고 있었다.

단군신화에 나오는 웅녀도 궁극적으로 인간상을 갖춘다.

『단군고기』에 이르기를, 곰과 호랑이는 환웅에게 쑥과 마늘을 얻어먹고 삼칠일(三七日, 21일)동안 기(수련)를 했다. 곰은 여자의 몸이 되었으나 호랑이는 기를 하지 못했으므로 사람의 몸을 얻지 못한다. 웅녀가 항상 단수(檀樹) 밑에서 애기를 배도록 해달라고 빌었더니 환웅은 이에 잠시 사람으로 변하여 그와 혼인한다. 이리하여 웅녀는 임신하여 아들을 낳으니 이름을 단군(檀君)이라 하였던 것이다.

그러고 보면 웅녀는 반신반수의 인간이다.

—
용 몸체와 인면의 신. 산해경에 나오는 이 신에게 공봉하는 제물은 흰개와 입쌀이다.

『산해경(山海經)』에는 기이한 인간이 아예 무더기로 출현한다. 새처럼 날개와 깃이 달린 인간, 이마에 눈이 하나 달린 인간, 팔 하나와 암수 하나의 인간… 등등 복희(伏羲)와 여와(女媧)는 최초의 인류(人類)이다. 종을 구별하는 유(類)라는 이 명사는 『산해경』의 기록과 상고시대의 부호문자에 처음 출현한다. 복희와 여와는 인류의 시조이지만 실제로 반은 인간이요 반은 뱀의 형상이다. 말 그대로 반신반수의 형상이다. 김씨 가족의 시조 낭황 역시 인간의 몸체이요, 짐승의 늑대 얼굴이다.

인간형상으로 조각된 7, 8천년 전의 풍수신. 음산산맥 서북부에서 발굴되었다.

그런데 그들 시조의 후대는 여러 세대를 지난 후 다 현세의 인간 형상으로 변화한다. 이런 사건은 모두 약속이라도 한 듯 황제와 치우처럼 약 7천 년 전의 대홍수에 즈음한 시점에 발생한다.

『산해경』에 따르면 창조의 여신 여와(女媧)는 흙으로 사람 인형을 빚어 코에 입김을 불어넣어 인간을 만들었다. 그렇다면 『성경』은 『산해경』의 이 이야기를 그대로 베껴냈던가. 하나님도 흙으로 사람(인형)을 짓고 생기를 불어넣어 생령으로 창조했다고 한다.

어찌했든 이때 여와가 인형을 빚은 황토는 육각성(六角星)의 흙이었다고 김씨 가족이 기록하고 있다. 그때 황토를 반죽할 때 부어 넣은 물도 육각성의 것이란다. 육각성은 화성과 목성 사이에 있는 소행성 벨트(asteroid belt)의 전신(前身)으로 상고시대 우주전쟁에 의해 붕괴된 행성이다.

신화 이야기는 마침내 하늘에서 땅에 내려왔다.

신과 인간이 한데 어울렸고 신과 인간이 하나로 되었다.

어제와 오늘이 한데 어울렸고 이 세계와 저 세계가 하나로 이어졌다.

1절

신대륙의 천부(天府)와 지부(地府)

1991년 미국에서 기이한 유물이 발견되었다. 미국 자연과학의 권위지 '내셔널 지오그래픽(National Geographic)'은 뒤미처 이 기이한 그림을 지면에 발표했다. 이로쿼이족(Iroquoi)이 소장하고 있던 5백 년 전의 사슴가죽 그림은 이로써 세상에 처음 얼굴을 내밀었다.

이거 뭐지? 중국 대륙의 학자는 대뜸 놀라운 것을 발견한다.

"첫 그림에 황제부족의 토템 징표가 있다니? 인물의 머리 위에 엎드린 거북이는 바로 천원귀(天黿龜)가 아닌가."

원귀(黿龜)는 바다의 제일 큰 거북이를 이르는 것으로 제귀속(帝黿屬)이며 또 황룡이라고 한다. 이 그림에 따르면 5천 년 전 황제부족의 선대가 태평양을 건너 북아메리카에 이르렀으며 그들이야말로 최초로 신대륙을 발견했다는 것이다.

마침 신대륙 발견 500주년에 즈음한 해였다. 어쩌지, 탐험가 콜럼버스가 무덤에서 통곡할 일이 생긴 것이다.

"첫 그림의 추장은 분명히 헌원씨(軒轅氏)입니다. 황제(黃帝)이지요. 두 번째 그림의 추장은 당연히 치우(蚩尤)입니다."

지부도(地府圖), 이 그림은 중국 대륙의 고대 부족과 하도, 낙서 등 이야기를 베낀 것 같은 착각을 준다.

큰 자라 모양의 거북이 원귀는 황제와 치우의 탁록대전(涿鹿大戰)에서 나온다. 전설에 따르면 싸움에서 치우는 3일 동안 큰 안개를 일으켜서 황제의 군사를 혼미케 했다. 그러자 황제는 군기의 천원(天黿)의 머리를 남북 방향으로 두고 꼬리를 동남 방향으로 가리키게 했으며 네 발로 사방의 방향을 바로잡았다. 종국적으로 황제는 싸움에서 크게 승리하고 치우를 잡아서 죽였다.

그런데 대륙을 차지한 황제는 또 위험을 무릅쓰고 태평양을 건너야 했을까…

사슴가죽의 옛 그림을 소장한 이로쿼이족(Iroquois)은 북아메리카 동부의 삼림지대에 거주하는 인디언이다. 전설에 따르면 사슴가죽의 2점의 천연색 그림은 옛날의 이로쿼이족 두 형제의 이야기를 서술하고 있다. 형은 선량하고 동생은 사악했으며 음지와 양지 두 곳에 떨어져서 살고 있었다. 나중에 형은 선량한 신으로 되었으며 동생은 흉악한 뱀의 신으로 되었다고 한다.

"이건 황제와 치우의 이야기를 바다 건너까지 연속한 게 분명합니다."

언제부터인가 사슴가죽의 그림은 아예 『헌원황제추장예전기년도(軒轅黃帝酋長禮天祈年圖)』와

『치우신풍후귀허치야부상도(蚩尤神風后歸墟値夜扶桑圖)』라는 이름으로 중국 대륙에 알려지고 있다.

현재의 베링해협 부근에는 한때 상부 플라이스토세 빙기에 육지화 되었던 너비 1,000km 정도의 육지가 존재했다. 이 육지를 베링 육교라고 부르며 알래스카는 시베리아의 연장이었다. 인류가 신대륙으로 도래한 경로 및 시기와 깊은 관계가 있어 그 옛 환경과 함께 주목되고 있는 현 주소이다. 육교가 마지막으로 존재했던 것은 약 1만 5,500년과 약 1만 1,000년 전 사이의 기간으로 학자들은 추정하고 있다.

옛날의 어느 날 아시아의 선민(先民)들이 아메리카 대륙에 발을 디뎠고 이윽고 또 정복자, 선교사 군인들이 왔다. 서부 개척에 얽힌 개척자와 여러 부족의 역사는 나중에 "누가 누구의 아버지인가" 하고 아메리카의 문명에 시조를 찾는 게임으로 되었다.

사슴가죽의 그림은 만년 역사의 기록이다. 게임은 그리하여 아주 싱겁게 끝나버렸다.

"그림은 약 1만 5천 7,800년 전부터 시작하여 역사를 기록하고 있습니다. 이에 따르면 여러 부족은 약 1만 1,000 년 전부터 아메리카 대륙에 출현하였어요."

이때 중국 대륙에는 최초의 부족과 마을이 나타난 지 이슥하다. 천궁씨(天穹氏), 창궁씨(蒼穹氏), 지궁씨(地穹氏)는 상호 혼인 등을 통해 갈수록 부족과 마을의 세력을 크게 늘리고 있었다.

김성찬은 그림을 찬찬히 살펴보다가 연신 놀라움을 금치 못했다.

"「기년도(祈年圖)」는 실은 「지부도(地府圖)」라고 부르는 그림입니다. 「부상도(扶桑圖)」는 「천부도(天府圖)」이구요. 두 그림은 모두 상고시대의 무속신앙의 연속입니다. 태양신은 지부(地府)를 관리하고 월신은 천부(天府)를 관리해요. 각기 생과 사를 관장하는 겁니다."

그림의 두 주인공은 단정코 황제와 치우가 아니다. 그들이 반만년 전에 벌써 태평양을 종횡하는 대형 선대를 보유하고 있었으면 모를까.

어찌하든 후세의 황제는 그림에 기어이 그의 그림자를 비끼고 있었다. 황제부족은 마을과 씨족끼리의 결성과 병탄을 통해 종국적으로 대륙에서 최강의 부족으로 거듭났다. 그런데 전신인 뱀마을과 도롱뇽마을이 『지부도(地府圖)』에 그려 있는 것이다.

『지부도(地府圖)』는 중국 대륙의 이주민들이 바다를 건넌 후 아메리카 대륙에 형성한 최초의 부족 군상(群像)을 그대로 반영하고 있다.

"중국 대륙의 고대 8대 부족이 거의 다 등장하고 있어요. 그림의 좌우 양쪽에 있는 짐승은 다 부족의 토템입니다. 우리 늑대부족과 곰부족, 태양부족(삼족오)이 있는가 하면 오소리부족이 있고 사슴부족이 있습니다. 토템의 박달나무는 또 멧돼지부족을 뜻합니다."

정말이지 김성찬은 까무러칠 듯 놀라고 있었다. 대륙이 고대 부족이 1만 년 전에 벌써 바다를 건너 아메리카에 문득 나타날 줄은 꿈밖이었다. 김씨 가족의 만년 역사에 기록이라돈 전무한 옛 이야기이었다.

사실 대전이 끝날 때마다 대륙의 여러 부족은 자의든 타의든 부족끼리 이합과 집산을 했고 또 산지사방으로 대이동을 했다. 황제와 치우의 탁록대전 후 늑대부족은 나중에 두 갈래로 흩어졌고 각기 대륙 귀퉁이의 외딴 곳으로 이주했다. 늑대부족의 일파인 목랑(木狼)종족은 대륙 서쪽의 곤륜산(崑崙山) 기슭으로 이주했고 다른 일파인 흑랑(黑狼)종족은 동북쪽의 만주로 이주했다.

곤륜산은 발해 동쪽의 봉래선산과 더불어 2대 신화 계통의 연원으로 된다. 그렇다면 아메리카 대륙에 다른 하나의 '곤륜산'이나 봉래선산이 있었던가.

부족의 역사는 큰무당이 기재하고 점괘도 큰무당이 기록한다. 『기년도(祈年圖)』에 따르면 최초의 이민 대오에는 분명히 큰무당이 합세하고 있었다. 실제로 그림에는 음양오행과 태극팔괘, 24절기, 천간(天干)과 지지(地支) 등등이 낱낱이 표기되어 있다. 이민자들은 부족 지도자들이 참여한 의도적인 집단 이주를 단행했던 것이다.

아무튼 아메리카 대륙의 최초의 이민자는 단정코 동물의 무리들을 따라 우연히 베링 육교를 건넌 사냥꾼들과 그 가족들이 아니었다.

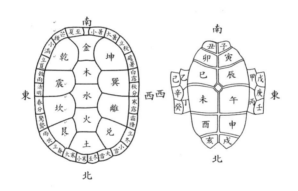

음양오행과 천간, 지지 등을 설명한 한나라 때의 그림. 사슴가죽의 거북이 그림에 쉽게 설명이 될 것 같다.

그로부터 약 1만년 후인 1492년 스페인의 탐험가 콜럼버스가 '신대륙'을 발견했을 당시 미국 대륙에는 대략 150만 명의 원주민이 살고 있었다. 그때 상륙한 바하마의 산살바도르를 인도 지역으로 착각한 콜럼버스는 원주민들을 '인디언'이라고 불렀다.

인디언의 무속신앙은 신기하게도 대륙 이쪽의 고대 부족과 쌍둥이처럼 짝을 이룬다.

실제로 인디언의 선민들이 존봉(尊奉)한 천신은 창궁씨의 시조와 같은 계열이라고 김성찬의 설명을 했다. "이집트의 피라미드를 만든 늑대신이랑 한 가족의 천신이라고 말할 수 있어요. 다만 이집트의 천신은 우리 가족의 시조 천신과 적수였다고 합니다."

그들은 분명히 한 성씨의 다른 두 존재였다.

멕시코의 태양 피라미드와 달 피라미드는 이름부터 상고시대 중국 대륙과 반도 무속의 지부(地府)와 천부(天府)를 연상케 한다. 그러나 이집트의 피라미드와 달리 중국 대륙과 반도, 멕시코에 나타나는 피라미드는 절두(截頭)의 계단식이다.

중국 대륙의 무속신앙에 나오는 3대 신수(神樹) 박달나무와 계화수, 오동나무가 아메리카의 인디언『지부도(地府圖)』에도 나란히 등장한다. 이름 모를 기화요초가 떨기떨기 피어나 성스러운 나무 아래에 꽃묶음을 이루고 있다. 이런 풀과 꽃들은 가족에 기록되지 않은 것이라고 김성찬은 설명했다.

지부도와 천부도는 미주에서 약 8백 년 전까지 기록, 보완하여 최종적으로 사슴가죽에 발현한 그림이다. 아메리카 대륙의 특유한 동식물 그리고 고대 부족에서 파생한 일부 부족은 사슴가죽에는 출현하지만 김씨 가족의 기록물에는 종내 얼굴을 드러내지 않고 있다.

그럴지라도 사슴가죽의 그림은 김씨 가족이 함께 그린 듯 금방 읽을 수 있었다.

"태양신의 정수리 위에 떠있는 둥근 원은 태양을 의미합니다. 태양 양쪽의 오색은 햇빛을 뜻하고요. 태양 위의 부족은 천계와 가까운 최상위 계급의 고귀한 귀족입니다. 태양부터 빗장뼈(쇄골)까지의 부족은 중간 위치의 서민들이고 빗장

뼈의 아래에 있는 부족은 하위 계급의 노예 등 천민들이지요."

동일한 부족이라도 같은 계급과 같은 신분이 아니다. 늑대부족은 동시에 상·하 두 계급으로 나타나는데, 같은 부족이라도 각기 귀족과 서민, 천민의 다른 신분인 것이다. 멧돼지부족은 이때 박달나무로 표현되며 곰부족의 아래에 위치한다. 뜻인즉 곰부족보다 낮은 계급의 신분이라는 것이다.

김성찬은 지부도(地府圖)를 하나씩 자세하게 설명했다. 태양신의 머리 꼭대기에 있는 무수한 점들은 별나라, 우주를 뜻한다고 한다. 부호처럼 위치와 각도, 숫자 등에 따라 또 특정한 시간 연대를 기록하고 있었다.

거북이는 신성한 동물로 머리와 꼬리, 네발, 귀갑은 저마다 특정한 의미를 가진다.

"태양신의 머리 위에 있는 거북이는 용귀(竜龜)라고 합니다. 거북이의 머리 방향은 북두칠성이고 꼬리 방향은 남두칠성을 표시하지요. 네 발은 동서남북을 가리킵니다."

"귀갑은 좌우 양쪽과 중간의 조각들을 합치면 도합 13개가 되는데요. 이 13개는 참으로 신기한 숫자입니다."

"구루비(岣嶁碑)에 적힌 77자의 태양 역문(易文)에도 13의 숫자가 나오지요. 13명의 천신이 13개의 축(祝, 천체의 의미)에서 와서 인류를 창조했다고 말합니다."

"13개 차원의 이차(異次) 공간을 표시합니다. 삼성퇴의 신수(神壽)에 무족을 상징하는 새 열세 마리가 앉아 있지요? 같은 도리입니다."

"또 기 수련의 등급을 가리킵니다. 기 수련은 상·중·하 세 등급의 도합 13개 경지로 나누거든요."

"거북이 등의 중간 다섯 귀갑은 오행의 금·목·수·화·토를 표시합니다."

"양쪽 귀갑을 합쳐 천간(天干) 10개와 공망(空亡) 혹은 음양을 표시해요. 경우에 따라 음과 양은 또 흑동(黑洞, 블랙홀)과 백동(白洞, 화이트홀)을 표시합니다. 지지(地支) 12개는 분명히 거북이의 배때기에 표시되어 있어요."

"귀갑의 변두리는 24절기를 표시하는데요, 이때 네발은 또 4계절을 표시합니다."

"거북이를 빙 두른 둥근 알들을 세어 보세요. 28개이지요? 28수를 상징합니다."

"거북이의 머리와 발, 꼬리를 보세요. 28개의 알들을 여러 등분으로 나눕니다. 이 숫자는 3열의 귀갑과 함께 각기 복잡한 조합을 이루는 거지요."

아쉬움이 남았다. 천부도(天府圖)는 그림이 희미해서 다 읽을 수 없었다.

"점 모양의 부호는 모두 의미가 있습니다. 그림은 법술의 의미가 짙어요. 낮과 밤의 음과 양을 그렸습니다. 월신은 이차(異次)의 공간을 통제하지요."

천부도(天府圖)의 일부, 소나무와 뱀, 인간 등은 모두 상징적인 의미이다.

"월신의 주변에 소나무가 여럿이 되네요. 이 나무는 생명을 뜻합니다. 머리에는 뱀이 주렁주렁 달려있는데요, 이 뱀은 영생을 뜻합니다. 탈피하면 새로운 몸을 가져요. 머리에 달린 인간들은 꿈 즉 다른 세계를 의미합니다."

생과 사의 이야기는 태평양 저쪽의 대륙이라고 해서 이쪽의 세상과 다르지 않았다.

2절

'사자(死者)의 언덕'

지구 최초의 생물은 바다에서 시작되었다. 지구는 시초에는 온통 물의 세계였다. 이윽고 바다 위로 대륙이 불끈 솟아올랐다. 대륙은 부족처럼 생성과 소멸, 이합(離合)을 거듭했다.

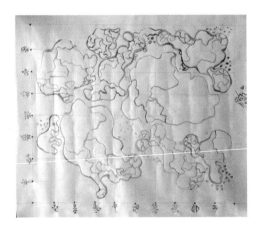

고대 부족이 대홍수 전에 남긴 역국도(魃国图), 수만년 심지어 수십만년 전의 지구 옛 대륙이 그려있으며 남극주 (오른쪽 아래부분)도 나타난다.

태평양의 이 대륙은 바다에 있는 거대한 섬을 방불케 한다. 바다의 한가운데 큰 부평초처럼 떠있었다. 옛날에는 누룩 활(款)에 섬 도(嶋)의 이름을 붙여 활도(款嶋)라고 불렀다고 한다. 여섯 나라가 그곳에 옹기종기 모여 있었다. 중간의 나라에 큰 담수호가 있었고, 여섯 나라는 이 수원지를 차지하려고 육지에 늘 불의 바람을 일으켰다.

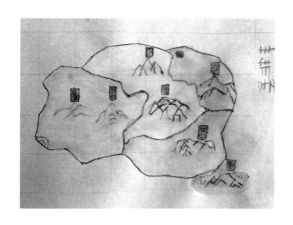

—
소실된 대륙 활도(款嶋), 여섯 나라로 되어있다. 오른쪽 귀퉁이에 작은 섬 하나가 딸려있다.

그곳에는 반신반어(半神半魚)의 기이한 인류가 살고 있었다. 그들은 거북이처럼 양서류의 척추동물이었다. 아가미로 수중호흡을 하고 또 폐와 피부로 호흡하면서 육지에서 살았다.

김성찬은 그들인즉 『산해경』에 나오는 교인(鮫人)의 계열이라고 말한다.

"유럽에서 말하는 바다요괴(海妖)는 교인들을 부르던 말입니다. 미인어(美人魚) 역시 교인 계열의 인종을 이르던 말이지요."

항간에서는 지금도 인간이 교인의 고기를 먹으면 천년을 장수한다고 전한다.

실제로 교인은 신의 생명과 능력을 각기 절반씩 가진 생물이다. 그리하여 『산해경』이 기록했듯 그들은 일부 신기한 능력을 갖추고 있었다.

반신반어 혹은 반신반수 유(類)의 동물은 세대적으로 중단되지 않고 꾸준히 발전, 변화하였다. 이르면 7, 8세대 늦으면 10여 세대 후 각 부분에서 유래하는 결과들로 복합된 결과는 현생 인간의 완정한 형태를 이뤘다. 김씨 가족이 전하는데 의하면 중국에서 대륙의 복희(伏羲)와 여와(女媧)의 후손들도 모두 이 같은 변혁의 과정을 겪었다.

"인간은 태어날 때부터 신성(神性), 수성(兽性)을 한데 지녔습니다. 신의 성미가 인자하고 포용적이라면 짐승은 횡포하고 잔인하며 공격성이 강하지요. 이에 비하면 인간은 또 겁약(怯弱)하고 소심한 측면이 있게 되었습니다."

김성찬은 인간의 속성을 이렇게 말한다.

인간의 제1세대는 신성이 지배적이었고 제2세대는 짐승의 야성이 더 강했으며 제3세대부터 신과 짐승의 성격이 반으로 서로 뒤섞이고 엇바뀌어 나타났다.

미구에 태평양의 활도에는 쇠로 만든 짐승이 땅에서 뛰어다녔고 쇠로 만든 새가 하늘에서 유유히 날아옜다. 이 기이한 들짐승과 날짐승은 사실인즉 후세에 나타난 자동차와 비행기 등속을 이르는 말이라고 김성찬은 설명했다.

"선사시대는 결코 무지몽매했던 그런 석기시대가 아닙니다."

오늘날 태평양에서 발견되고 있는 선사시대의 이런저런 신기한 유적은 활도의 교인이 남긴 옛날의 흔적들이다. 이 교인을 타이아족(塔耳亞族)이라고 부른다고 김씨 가족은 기록한다. 이런 기록에 따르면 현생 인간은 제7종 인류이며 교인은 제3, 4종 인류의 과도기간에 있었던 물종이다. 그들은 일찍 약 3만 6, 7천 년 전에 멸망했다고 한다. 태평양의 대륙은 이즈음 온 땅을 뒤흔드는 큰 지진으로 바다 아래에 가뭇없이 사라졌다.

잠깐, 교인은 침몰된 대륙과 더불어 전부 멸망된 게 아니다.

"그때 교인의 잔존한 후손들은 일부가 선산인 곤륜산을 찾아서 지금의 중국 대륙 서부에 이주했다고 합니다. 신강과 청해 일대에서 기이한 옛 유물이 자주 나오는 것은 다름이 아니라 이에서 기인된 거지요."

유물 호갑(護甲)은 바로 대륙 서부에서 발굴되었다. 무당 궁사의 팔뚝에 차던 기물로 한나라 때 사용하던 유물로 추정된다. 수만 년 전 태평양 바다에 있었던 옛 대륙이 그대로 그려 있었다. 그러나 이 수산어도(獸山魚圖)는 사학자들에게 아직도 해독하기 어려운 미스터리로 전하고 있다. 와중에 일부 학자는 또 나름대로 그림을 해독하면서 난데없는 '신대륙'을 그린다. 선인(先人)들이 대륙에 오성(붉은기)가 날리는 중국(공화국)이 개국하는 것을 미리 그림으로 그렸다는 것이다. 이에 따르면 세계의 동방에 궁극적으로 중국이 굴기한다는 것이다.

김성찬은 호갑의 그림을 일일이 짚어 보이며 설명을 했다.

호갑(護甲)의 그림 수산어도(獸山魚圖), 오른쪽에
지구의 소실된 옛 대륙이 그려 있다.

"글자 중국(中國)은 가운데 있는 나라를 뜻합니다. 지금의 서안 일대를 중심으로 삼아 그린 그림입니다. 글자 오성(五星)은 금환(金環)의 불길한 징조를 의미하지요. 오성이 한 줄에 설 때 하늘과 땅이 바뀌는 변혁이 일어났습니다. 이 무렵에 교인들의 옛 고향 활도가 바다 아래로 침몰되었거든요."

이처럼 소실된 땅은 대서양에도 있었다. 김씨 가족의 기록에 따르면 빗자루별(혜성을 이르는 말)이 내려올 때 천신이 함께 나타났다. 그들은 대서양 복판의 대륙에서 금, 동, 철 등 금속을 채굴하였는데, 이때 그들 천신에 의해 반인반수의 인류가 생성되었다.

대서양에 출현한 천신은 제일 마지막 대홍수가 일어나기 약 5백 년 전에 지구를 떠났다.

인도양 연안에도 반인반수의 기이한 인류가 살고 있었다. 이곳에 생활하고 있던 고대 인간과 천신의 합체였다.

이 천신의 고향별은 휘(輝)라고 부르는데, 온통 물의 세계였다. 별의 제일 중심에는 지구의 북극처럼 거대한 얼음덩어리가 있었다고 김씨 가족은 기록한다.

신들은 인간의 부족처럼 네편 내편으로 갈라져 대판 싸움을 벌였다. 그들은 강기슭의 섬 같은 도시에서 생활하고 있었으나 활도의 전쟁처럼 물의 쟁탈을 벌였다. 그러나 이번 싸움은 수원지가 아니라 중수(重水)의 쟁탈 때문인 것 같다고 김성찬은 말한다. 중수는 중수소(重水素)와 산소(酸素)로 된 물. 듀테륨 화합물(化合物)의 제조(製造) 원료(原料), 원자로(原子爐)의 감속재 등에 쓰인다.

실제 신들은 도시에 빛과 물의 폭탄을 투하하였다. 물방울 하나가 일시에 두 개,네 개, 여덟 개로 분리되듯 폭탄은 가공할 위력을 과시했다. 서기전의 어느 날 도시는 한순간에 죽음의 언덕으로 되어버렸다. 도시에서 생활하던 사람들은 거의 동일한 시각에 모두 숨져버렸다. 옛 도시도 이에 따라 금방 바람에 날린 듯 삽시간에 훼멸되었다.

정말이지 현세의 '원자탄'을 방불케 한다. 사막에서 원자탄 실험을 하였을 때 강한 열에 의해 폭심지를 중심으로 부근의 모래가 녹아내려 녹색의 유리로 응고된다.

"후세 사람들은 이곳에서 유리를 무더기로 주어 쓰거나 팔았다고 합니다."

김씨 가족은 소실된 이 도시를 도호국(峹户国)이라고 기록하고 있다. 도(峹)는 산이 이름으로 두 개의 산이 가지런히 서 있는 모습을 본떠서 만든 글자이다.

실제 인더스 강 하류에 도호국을 그대로 빚어 만든 듯한 옛 도시가 있다. 1922년 인도인 고고학자 라칼다스 바너지(Rakhaldas Banerjee)에 의해 처음 발견되며 1930년대 영국인 고고학자 존 마샬(John Marshall)에 의해 본격적으로 발굴을 시작했다. 유적지는 1980년에 유네스코 세계문화유산에 등재되었다. 전반 도시에 해골이 널려 있었기 때문에 '모헨조-다로(Mohenjo daro)'라고 불렀다. 현지의 언어로 '사자(死者)의 언덕'이라는 뜻이다. 일부 학자는 또 '핵의 죽음의 언덕'이라고 부른다. 정작 도시의 본래 이름은 인더스 문자가 아직 해독되지 않아서 알 수 없는 상태이다.

모헨조-다로 유적의 일부.

'사자의 언덕'은 1908년 러시아의 퉁구스 폭발 그리고 1626년 5월 30일 북경 대폭발과 더불어 세계 3대 자연의 미스터리로 불린다.

모헨조-다로는 서기전 2,500년 지어진 도시로 3, 4만 명의 규모를 자랑했다. 고대 인더스 강 유역에서 제일 아름다운 한 떨기의 도시문명을 꽃피웠다.

그러나 사학자들이 발을 들여놓기 전까지 모헨조-다로는 '사자의 언덕'처럼 주민 대대로 전해지는 금기의 영역이었다. 학자들은 대량의 현지 고찰과 발굴을 거쳐 홍수나 온역, 외족의 침입 등 가능성을 배제했다.

드디어 놀라운 가설이 물망에 떠올랐다. "사자의 언덕은 핵폭탄의 습격을 당해 생긴 것입니다!"

'유리의 성'은 더구나 모헨조-다로에 얽힌 불가사이의 기문의 하나였다. 난데없는 검은 유리의 돌들이 빽빽하게 땅을 뒤덮은 장소라고 한다. 이와 같은 현상을 볼 수 있는 경우는 핵 실험이 행해진 지역이었다. 이런 사막에서는 돌과 모래가 초고열에 의해 유리처럼 된 물질을 확인 할 수 있다. 실제로 '유리의 성'에서는 보통의 50 배가 넘는 고농도 방사능이 검출되었다고 한다.

그리고 유적에서 발견된 백골 사체 46구는 갑자기 죽음을 맞이한 것 같은 상태라고 한다. 그 중 9구는 고온으로 가열된 흔적이 남아 있었다는 것이다. 이 곳은 800㎡ 정도의 지역으로 모래와 벽돌이 초고열을 순간적으로 받아 용해되어 유리 형태로 변한 것이라고 전하고 있다.

도시는 하룻밤 사이에 붕괴되는 경우가 드물다. 그런데 모헨조-다로에는 모든 것이 짧은 기간에 멸망의 순간을 들이닥치고 있었다. 모헨조-다로는 분명히 대홍수나 강진의 경우가 아닌 고대 핵전쟁의 전장이다.

모헨조-다로의 비극을 핵폭발의 결과라고 주장하는 것은 현지에 흔적을 남길 정도의 열파와 충격파를 순간에 발생시킬 수 있는 폭발물은 핵무기밖에 없기 때문이다.

미국 원자탄의 첫 폭발 실험 당시 폭탄개발에 참여했던 로버트 오펜하이머는 '사자의 언덕' 사건은 핵폭탄 습격과 다르지 않다고 주장했다. 게다가 사건 현장에 잔존한 고농도 방사능 그리고 충격파와 초고열의 흔적은 학자들이 그때 '원자탄' 폭발이 발생했다고 주장하게 했다.

분명히 우주전쟁을 방불케 하는 핵전쟁은 선사시대에 벌써 지구상에 일어나고 있었다.

인도는 상고시대 발생한 기이한 대폭발의 전설을 전하고 있다. '연기가 없는 큰 불', '흰 빛의 큰 극광(極光)', '은빛의 구름', '어둔 밤의 하얀 낮' 등 서술은 핵폭발이야말로 모헨조-다로를 훼멸한 괴수라는 것을 좌증(左證)한다.

사실상 고대 핵전쟁을 증언하는 기술은 고대 인도의 서사시『라마야나(Ramayana)』에 분명히 나온다.『라마야나』는 '라마 왕의 일대기'라는 뜻으로 산스크리트어로 기록되었다. 작품의 성립 연대나 기원은 BC 11세기까지 거슬러 올라간다.『마하바라타(Mahābhārata, 바라타족의 전쟁 사적)』와 더불어 인도 고대의 장대한 2대 대서사시로 인도의 정신문화를 지탱하는 두 기둥을 이루고 있다.

> "태양이 흔들렸다. 우주는 불타버렸으며 이상한 열을 발설하고 있었다. 코끼리는 그 무기의 에너지에 의해 불탔다. 불꽃을 피할 길이 없어 공포로 헐떡이며 마구 뛰어다녔다. 물은 증발했으며 그 속에 살아있는 생물은 모두 타버렸다…"

신들의 전쟁이 벌어진 후 도호국의 일부 주민은 급기야 도시를 포기하고 이주를 했다. 한 갈래는 히말라야산 기슭으로 이주했다. 히말라야는 세계적으로 해발이 제일 높은 산맥으로 동아시아 대륙과 남아시아 아대륙(亞大陸)의 천연적인 경계로 되는 산이다. 다른 한 갈래는 인도양 기슭의 수림지대를 지나 대륙의 서남부에 이른 후 다시 대륙의 오지로 깊숙이 이주했다. 그곳은 성도(星圖)에 따라 별을 보고 낙서(洛書)의 구도(九圖)를 읽어 찾아간 또 하나의 길지였다.

김씨 가족의 전성88성도(全星88星圖)는 치우부족연맹의 일부 부족도 다른 형태의 그림으로 전승하고 있다.

"나중에 삼성퇴(三星堆)에 나타난 익인(翼人)은 바로 도호국의 이민입니다.

오축국(邹蹙国) 즉 지금의 미얀마 지역의 상아 그리고 단협국(单峡国) 즉 지금의 베트남의 조가비는 그렇게 삼성퇴에 출현할 수 있었다.

멸망의 끝은 또 새로운 시작이었다.

제8장

단군부족의 시작은 어디에

전해 내려오는 말에 따르면 복희(伏羲)와 여와
(女媧)는 원래 오누이었는데 부부가 되어 인류의
시조로 되었다고 한다. 한나라 때의 화성석(畫像
石)에는 복희와 여와가 다 상체는 인간이고 하체
는 뱀이며 꼬리를 서로 휘감고 있는 모습으로 그
려져 있다.

교미도(交尾圖)에는 인류사의 풀기 힘든 수수께
끼가 얽혀있다. 인간은 짐승 인간과 신을 합친 최
초 인류의 야성(野性)과 신성(神性)을 뜻하는 것일
까…

실제로 여와는 처음에 동물을 담은 인간을 만
들었으나 그 후 강물에 비낀 자신의 모습을 보고
그를 닮은 존재를 만들었다고 한다. 인도와 고대
그리스, 바빌로니아의 신화에도 비슷한 이야기가
등장한다. 사실 기독교의 『성경』도 하느님이 자
신의 형상대로 인간을 창조했다고 기술한다.

신강에서 출토된 그림의 복희와 여
와는 반신반수이다. 그림 주변에는
또 별과 점무늬의 부호문자로 설명
을 달고 있다.

이에 따르면 최초의 인간은 신과 짐승의 몸체를 합친 반신반수(半神神獸)이다.

복희와 여와는 각자의 마을을 지칭하는 부족 수령이라고 김씨 가족은 기록하고 있다. 이에 따르면 그때 여러 지역에 걸쳐 복수의 부족이 있었다고 김성찬은 설명했다.

"천신은 부족을 선택한 후 또 세 계급으로 분류하고 그들에게 최상의 신분을 주었다고 합니다."

3대 부족 위에 신비한 부족이 하나 있다. 삼족오를 토템으로 삼는 태양부족이다.

사람들의 신분과 계급을 차별하던 인도 사회의 카스트(caste) 제도를 연상케 한다. 옛날 인도에서는 종교적 일을 담당하는 브라만, 정치와 군대의 일을 담당하는 크샤트리아, 상업과 농업을 담당하는 바이샤 그리고 앞의 세 계급의 시중을 드는 노예 수드라로 나누었고 또 이 네 개의 신분에 들지 못하는 불가촉의 천민들도 있었다.

김씨 가족은 천신의 부족을 각별히 부족 명부에 따로 기록하고 있다. 이에 따르면 복희와 여와, 기린(麒麟)의 세 마을은 천궁씨(天穹氏)이고 낭황(狼皇), 웅황(熊皇), 환황(獾皇)의 세 마을은 창궁씨(蒼穹氏)이며 소전(少典), 봉황, 가호(賈壺)의 세 마을은 지궁씨(地穹氏)라고 한다.

천궁씨의 여러 마을의 족장을 적은 천부인의 귀문(鬼文) 부호, 이 부호 역시 혼문(魂文)에 들어간다.

잠깐 설명을 하고 지나자. 와중에 가호(賈壺)는 마을 이름의 발음이고 실은 구름 운(雲)의 위에 입 구(口), 그 위에 다시 성씨 복(宓)을 놓았으며 이 복합 글자의 오른쪽에 아닐 불(弗)과 조개 패(貝)를 상하로 놓은 난해한 회의자(會意字)를 쓴다. 이 글자의 의미인즉 밀구불어(密口不語) 다시 말해서 입을 다물고 말하지 않는다

彝文

일명 이족문자, 현재 이족문이라고 하는 이 부호는 귀문 제19국 석문(石文)의 음양 두 부호문자 가운데의 양문(陽文)이다.

는 것으로 신의 말을 비밀스레 전달하던 가호(賈壺)마을을 가리킨다. 이 마을사람은 훗날 이량족(羵良族)이라고 불렸으며 지금은 대륙 서남의 민족 이족(羵族)으로 알려지고 있다.

상고시대 이족이 사용하던 문자는 귀문(鬼文)44국의 제19국 석문(石文)이었다 석문은 음양 두 문자로 나뉘며 도합 108자, 현재 이족문(羵族文)이라고 하는 부호문자는 바로 석문의 양문이며 음문은 빠뜨려 있다. 음문과 양문은 발음과 내용이 각이하며 조합하여 다른 합성체의 부호문자를 이룬다.

다시 이야기의 제 곳으로 들어가자.

김씨 가족의 기록한 세계(世系)에 따르면 천궁씨는 2만 4천 년 전부터 1만 8천 년 전 사이에 생성되었고 창궁씨는 1만 7천 년 전부터 1만 3천 년 전 사이에 출현했으며 지궁씨는 약 1만 4천 년 전부터 만 1천 년 전에 등장했다.

태양부족은 그들보다 약간 뒤떨어진 약 1만 2천 년 전에 나타났다.

이들의 씨족은 모두 천신의 힘을 받은 하늘 아래의 제일 고귀한 집단(마을)이었다. 그리하여 그들은 처음에는 천 살 지어 수천 살의 신수(神壽, 신의 수명)를 누렸다.

복희와 여와는 나중에 아들 넷을 낳으며 그들 넷은 각기 사시(四時, 사계절)의 신으로 되었다. 다른 두 씨족의 자식들도 이윽고 지상의 아주 유명한 인물로 등장하였다. 김씨 가족의 기록에 따르면 소전의 셋째 아들 일하(逸河), 복희와 비(妃)가 낳은 셋째 딸 백풍(魄風)이 혼인하여 생긴 두 아들이 바로 황제(黃帝)와 염제(炎帝)이다.

그러고 보면 화하족(華夏族)의 후손들이 자기들을 염황(炎黃)자손이라고 부르는 것은 물이 낮은 곳으로 흐르듯 당연지사이다.

가지를 따라 줄기를 찾으면 한 뿌리로 이어진다. 소전의 둘째 아들 이수(離水)와 봉황의 셋째 딸 화풍(火風)은 딸을 낳는데, 이 딸이 또 염제와 결혼하여 아들 열여덟을 낳았다. 이 열여덟 아들 가운데 여덟만 생존하니 치우는 다섯 째 아들이다.

훗날 치우의 아들이 웅녀의 외손녀와 결혼하여 2남2녀를 낳으며 또 치우의 손자가 웅녀와 양손녀와 결혼하여 슬하에 아들딸을 둔다.

옛날 씨족끼리의 통혼은 대를 잇고 나아가 종족을 부풀리며 친분을 맺어 연맹을 더 결집하려는 것이었다. 그러나 한 성씨의 손자와 손녀가 결혼하는 등 친척관계가 말 그대로 난장판으로 된다. 현·근대까지 대륙에는 이런 통혼이 비일비재였다. 와중에 자매나 형제의 갈등은 마을 간의 싸움 지어 탁록(涿鹿)대전처럼 마을연맹의 전쟁으로 비화하기도 했다.

77개의 부호문자가 적힌 구루비(岣嶁碑), 선사시대의 역사를 기재하고 있다.

인간의 탐욕과 죄악은 천벌을 불렀다고 호남성(湖南省) 형산(衡山)에서 발견된 구루비(岣嶁碑)가 기재한다. 『성경』도 인간들은 아담의 타락 때문에 에덴동산에서 쫓겨나 더는 신수(神壽)를 누리지 못하게 되었다고 밝힌다.

급기야 천붕(天崩)이 터졌다. 대홍수라고 일컫는 천붕은 이름 그대로 하늘이 무너지는 듯 했다. 폭풍처럼 느닷없이 인간세상을 모조리 휩쓸었다. 구루비나 『성경』의 기재에 따르면 대홍수는 하늘(신)이 인간에게 내린 천벌이다.

대홍수를 전후하여 인간의 수명은 급격하게 줄어들었다. 애초에 인간의 수명은 우리의 인식에 가능한 한계 시간을 훨씬 앞지르고 있었다. 수메르(Sumer)의 '왕의 계보'는 왕조의 전 24만년을 통치한 여덟 국왕을 기록하는데, 국왕마다 재위 기간이 1만년을 넘으며 제2대 국왕 Alalgar는 재위 시간이 무려 38,600년에 달하였다. 초기 인류의 수명을 40세로 추정해온 그동안의 인류학 연구 결과를 송두리째 뒤집어버리는 시간이다.

쐐기문자로 기록한 수메르의 '왕의 계보'. 왕의 재위 시간이 인간의
상상을 벗어난다.

수메르는 서아시아의 메소포타미아 지역에 존재했던 고대 문명으로, 현재까

지 알려진 인류 최초의 문명이다. 인류 역사상 최초로 문자를 사용한 기록이 남아 있는 집단이기도 하다.

그러면 수메르의 이 왕은 과연 무슨 사람이었을까. '왕의 계보' 연대기는 왕은 김씨 가족의 시조 낭황(狼皇)처럼 분명히 "하늘에서 내려왔다"고 기술한다.

수메르의 제9대 왕 즉 대홍수 후의 첫 왕은 1200년을 재위하며 그 후 국왕의 재위 시간은 백년 단위로 지어 몇 년으로 세차게 줄어든다. 복희와 여와 시대에는 무려 수천 년에 달하던 인간의 수명은 대홍수후 금방 수백 년으로 되었다.

구루비(岣嶁碑)의 비문에 따르면 대홍수는 서기전 5677년에 시작되었다. 훗날 요(堯), 순(舜), 우(禹)는 이 천붕으로 인한 재난의 후유증을 3대에 걸쳐 치유해야 했다. 황하의 치수 이야기는 이렇게 생긴 것이다.

대홍수의 이야기는 대륙의 여러 민족 신화에 출현한다. 대홍수는 어느 한 지역이 아닌 북반구 전체를 강타했던 것이다. 그런데 반도에는 대홍수의 이야기가 없다. 세상에 과연 대홍수가 있었는가 하고 반도의 적지 않은 사람들은 반문한다. 반도의 민족사 기억은 어찌어찌하여 대홍수가 끝난 후의 단군시대부터 비로소 시작되었기 때문이다.

실제로 부족들은 대홍수를 즈음하여 멸족되거나 새로운 부족으로 거듭난다. 신의 은혜를 받던 인간들도 더는 신의 지혜를 얻을 수 없었고 더는 신의 수명을 살수 없었던 것이다. 이때부터 대륙의 부족 선민(先民)들은 신화의 세계에서 내려와 드디어 신사(信史)시대에 들어갔다.

꽃이 또 지고 다시 피어난다. 산은 그냥 있고 물은 계속 흐른다.

1절

흉배(胸背)의 문양에 새겨진 삼족오

　"흉배라니요? 그건 조선시대에 문무백관이 복장의 가슴과 등에 덧붙이던 사각형의 장식품이 아니던가요?"

　반도에서 삼국시대에 왕실은 화려한 장신구를 사용하였고 고려시대에는 화려한 수를 사용하였듯이 조선시대에는 황금색 용이 수놓아진 흉배를 문무백관과 왕족의 표장(表章)으로 사용하였다. 복장의 복부 부분에 장식을 새긴 이 흉배는 각 관리와 왕족의 신분을 나타내는 상징이기도 했다

　이때 흉배의 문양은 공중에 나는 새와 땅에 달리는 짐승으로 각기 문무의 반별을 구분했으며 모든 품계에 적용되었다. 문관은 날짐승을 수놓았고 무관은 네발 가진 짐승을 수놓았으며 왕과 왕세자는 곤룡포(袞龍袍)에 용문(龍文)을 수놓았다.

　그러나 흉배는 대륙의 초기의 의상에서는 옷깃을 여미는 단추였을 따름이었다. 두루마기나 저고리의 앞섶에 헝겊의 띠를 달고 띠의 매듭에 장식품으로 흉배를 달았던 것이다. 『설문해자 · 혁부(說問解字 · 革部)』에 이르기를 "남자는 큰 띠를 찼고 여인은 실끈을 매었다." 이때 가죽으로 만든 띠는 반혁(鞶革)이라고 불렀고 천으로 만든 띠는 사조(丝绦)라고 불렀다. 흉배의 안쪽에는 띠를 연결하기 위

한 걸쇠가 따로 있었다.

『설문해자』는 대륙에서 제일 일찍 한자의 글 모양과 기원을 밝힌 어문 도구서이다.

상고시대에 흉배는 부족의 특별한 상징물이었다고 김성찬은 곱씹어 말했다. "우리 늑대부족의 토템은 이름처럼 늑대라고 말하는데요. 사실상 토템으로 그린 늑대는 아주 괴이하게 생겼습니다. 머리 하나에 발이 여섯이고 꼬리가 두 개입니다. 옷에는 또 천둥 무늬의 뇌정(雷霆) 문양이 그려 있어요."

부족마다 그들의 토템을 각별히 흉배에 그렸다. 꼭 네모 모양이 아니었다. 옷 색상도 부족마다 제각기이었다. 행사 때면 부족민들은 저마다 단체복 같은 부족 복장을 입었다. 그리하여 제사 같은 날이면 마을은 온통 오색의 의상으로 울긋불긋 물들었다.

"멧돼지부족은 토템은 조금 이상한데요. 멧돼지와 토끼의 합체물입니다. 옷에 뇌문(雷文) 문양을 새겼습니다. 질그릇이나 옥 기물에도 이런 무늬를 그렸어요."

"태양부족은 토템인 삼족오를 흉배에 그렸습니다. 하늘의 (태양)신과 제일 가까이 한 부족이거든요. 그래서 윗옷은 하늘의 푸른 색상입니다. 바지는 분홍색인데요, 빨간색과 흰색을 섞은 2차의 색상으로 사랑의 색입니다."

"…"

김씨 가족이 전승물(傳承物)에 기록한 대륙의 8대 부족이 그러했고 이에 앞서 치우(蚩尤)부족이 구자산(具茨山)의 암석화에 기록한 대륙의 29개 부족이 그러했다. 이런 부족은 대개 현생 인류의 선인(先人)들이었다.

사실상 지구에는 선후로 일곱 종류의 인류가 존속했다. 제1종은 식물에서 에너지를 흡수, 힘을 얻는 인류로 저마다 천년의 신수(神壽)를 누렸다. 제2종은 불

등속의 원소를 에너지로 흡수하던 인류이었다. 제3종은 돌로 건물과 기구를 만들던 인류이었으며 제4종은 인어 같은 수중 인류이었고 제5종은 거인 계열이었다. 제6종은 개량한 인류로 모두 만년의 천수(天壽)를 누릴 수 있었다. 수메르(Sumer)인이 바로 제6종의 인류 족속이었다.

여러 종의 인류는 서로 병존하거나 변화했으며 또 변혁기에 대홍수나 지진, 운석 등 천붕(天崩)에 의해 거의 멸종했다.

반신반수(半神半獸)의 복희(伏羲)와 여와(女媧)는 제4종부터 제6종에 이르던 과도기의 인간이었고 청호(靑狐)부족은 제5종부터 제7종에 이르던 과도기의 인류이었다. 그들은 2만 5천 년 전부터 약 1만 3천 년 전까지 존속했다. 그들은 신의 지혜를 받았으나 신의 수명은 누리지 못했으며 그리하여 수명이 몇 백 살에 지나지 않았다고 한다.

일명 단군부족이라고 하는 멧돼지부족은 원래 약 3만 4, 5천 년 전 출현하였던 거인 부족이었다. 그 후 원인 불명의 사건으로 중도에 역사 기록이 단절되었다가 약 1만여년 전에 현생 인류의 고대 종족으로 나타났다. 이때 멧돼지부족은 대륙에서 굴지의 큰 부족이었지만 더는 천궁씨(天穹氏)의 복희와 여와, 기린(麒麟)의 세 마을이나 창궁씨(蒼穹氏)의 낭황(狼皇)과 웅황(熊皇), 환황(獾皇) 세 마을, 지궁씨(地穹氏)의 소전(少典)과 봉황, 가호(賈壺)처럼 하늘의 신과 가까운 상위의 신의 부족은 아니었다.

태양신의 사자(使者) 삼족오를 토템으로 공양한 태양부족도 이맘때 처음 출현하였다.

"우리 현세의 인간은 제7종의 인류인데요. 부족에 내린 하늘의 기운은 옛날부터 1천년이나 3천년 지어 1만년을 연속한다고 합니다."

대홍수가 지난 후 인간의 부족은 패를 뒤섞고 다시 선후와 우열을 배열하였다. 부족은 혹간 침체되었고 또 재기하기도 했다. 웅황(곰) 마을은 한때 침체되었다가 천신 환웅(숙촉조)을 만난 후 다시 상위 계급의 부족으로 재기한다.

태양부족은 여러 부족이 모두 존숭하던 대륙의 강대한 역량이었다. 태양이 9대 행성을 거느리듯 태양부족은 8대 부족은 물론 이에 앞선 3대 부족의 위에 군림한 거물급의 존재였다. 그래서 태양부족은 대륙의 여타의 부족 명부에 기입하지 않는다.

"태양부족은 만주의 서남부에서 생활하던 부족인데요. 나중에 부득불 반도의 남부로 이주합니다. 그러나 부족에 내린 태양신의 기운은 수천년을 계속 이어집니다."

늑대부족의 족장이자 큰무당인 월사(月師)가 훗날 가야국(伽倻國)의 국사로 된 원인을 여기서 알 수 있겠다. 가야국은 태양부족이 미구에 반도의 남부에서 세운 나라이다. 김해 김씨의 성씨인즉 이 태양부족에서 기원한 것으로 태양처럼 금빛이 찬연하다는 의미를 가진다.

김해 김씨의 백년 족보.

김해 김씨는 수로왕의 제12대손 김유신(金庾信)을 중시조(中始祖)로 하여 대소 수십여 개의 계파로 나뉘는데, 종국적으로 반도에서 제일 많은 성씨로 번성했다.

옛날 성씨는 가족 혈연의 부호였다. 옛 성씨는 토템 숭배에 기인된 것이며 씨족의 휘호거나 표징물이라는 게 통설이다. 최초의 내원은 '천도(天道)'의 원시종교 숭배이며 토템 숭배와 선조 숭배라는 것이다.

성씨는 일정한 인물을 시조로 하여 대대로 이어 내려온다. 이름 앞에 붙어 족계(族系)를 나타내는 동계혈족집단이라는 것을 표시한다.

중화민족의 시조라고 일컫는 복희와 여와 마을은 나중에 강씨(姜氏) 성씨를 받았다. 북송(北宋) 시기에 편성한 『백가성(百家姓)』에 따르면 강씨 성씨는 성씨의 순위에서 제32위였으며 근대의 인구 전면 조사에서는 순위가 또 뒤로 처져서 겨우 제60위이었다.

글자 모양을 볼 때 강씨는 위가 양이요, 아래는 여성이다. 그리하여 일부 학자들은 강씨인즉 양치기 여자를 뜻한다고 말한다.

김씨 가족사의 옛 해석은 이와는 약간 다르다. 양은 옛날 아름다움과 상스러움을 대표하고 여성은 모계씨족 사회에서 아주 숭고한 지위를 차지했다는 것이다.

"복희와 여와 마을은 옛날 양을 제물로 삼았다고 합니다. 그리고 그때 제사장은 여자 무당이었다고 하거든요."

그렇다고 해서 마을의 토템은 양이 아니었다. 부족민들은 뱀신을 토템으로 공양했다. 이 신이 후세에는 어찌어찌하여 용으로 와전되고 있다. 실제로 뱀신은 하늘의 용처럼 날개가 돋친 모양이라면서 김성찬은 그림을 그리고 자세하게 설명했다. 그러나 명칭은 여전히 뱀의 이름을 달아 사청(蛇听)이라고 부른다는 것이다.

『설문해자』는 "신농(神農)씨가 강수(姜水)에 기거했으며, 그런 고로 (강씨를) 성씨로 했다."고 강씨의 기원을 밝힌다. 이런 사료(史料)에 따르면 대륙에서 제일 이른 성씨의 하나로 고대 4대 성씨인 희(姬), 강(姜), 요(姚), 임(任)의 하나였다는 것이다. 그 후 여러 가지 원인으로 염제의 많은 후손은 훗날 자의든 타의든 강씨 성씨를 다른 성씨로 바꾼 것이라고 대륙의 사학자들은 주장한다.

강씨의 일맥은 서주(西周) 초년까지 계속 가지와 잎을 뻗어나갔다. 그러나 구중천에 걸린 해도 나중에 바다 아래로 떨어진다. 오늘날 확정할 수 있는 것은 여씨(呂氏) 한 갈래일 뿐이며 기타의 지맥은 종적을 찾을 길 없다. 상고시대의 다른 부족의 성씨도 이와 마찬가지이다. 대륙을 호령하던 그들은 너남 없이 모두 서산 낙엽의 일로를 걸었다.

현재로선 대륙의 4대 성씨는 이(李), 왕(王), 장(張), 유(劉)로 되고 있다.

복희와 여와 부부와 더불어 천궁(天穹) 부족을 형성한 기린 마을은 훗날 저씨(猪氏) 성씨로 되었다. 저씨 성씨는 일찍 대륙의 삼국시대에 생겼지만 이런저런 원인으로 오늘까지 이 성씨를 보류하고 있는 사람은 아주 희소하다. 2002년 출판된 중국 성씨 『천가성(千家姓)』의 수정판은 드물게 '저씨(猪氏)'를 성씨로 수록했다. 돼지 저(猪)라는 이름의 연고로 대부분 사람들은 남들의 웃음거리로 되지 않기 위해 비슷한 음의 붉을 주씨(朱氏)로 성씨를 바꿨다. 그럼에도 저씨 성의 사람들은 아직도 대륙 남부 귀주성(貴州省)육반수(六盤水) 일대에 약 40여 명 잔존한다.

3대 부족의 하나인 지궁(地穹)의 소전 마을은 석씨(石氏) 성씨를 받았고 봉황 마을은 충(蟲), 묘(苗), 수(水), 훼(虺)의 성씨를 얻었으며 가호(賈壺) 마을은 난(蘭), 율(汨)의 성씨를 사용했다.

창궁(倉穹)의 낭황(狼皇) 마을 즉 훗날의 늑대부족은 두 계열로 나뉘며 그중 반도로 이주한 흑랑종족은 경주 김씨로 되었다. 웅황(熊皇) 마을 즉 훗날의 곰부족은 한때 중·하위 계급의 서민 부족으로 전락하며 환웅(숙촉조)와 혼인을 맺은 후 다시 신과 가까운 상위 계급의 부족 반열에 합류했다. 이에 따라서 곰부족의 희(姬), 기(鰭), 이(爾), 혁(驪)의 성씨는 명문 귀족의 성씨로 되었다.

멧돼지부족은 좌우 계열로 나뉘는데 미구에 박씨와 정씨 두 성씨로 되었다. 그들은 반도에서 나라 신라를 개국하면서 다시 상위의 존귀한 계급으로 재기한다.

인간사는 이렇듯 변화무상하며 어제, 오늘, 내일로 흥망성쇠가 거듭한다.

"여자 희(姬) 성씨는 모계씨족부터 부계씨족으로 과도하던 시기 곰부족에 생긴 것이라 합니다. 약 7, 8천 년 전에 생긴 일이지요."

성씨 여자의 자(字)인 기(改)도 이렇게 생겼다고 김씨 가족은 기록한다. 글자를 보면 그 자체가 정말로 여자가 신하 신분으로 다리를 굽히는 모양이다. 부족 (남성)족장에게 온화하게 몸을 낮춰 겸양하는 태도를 취한다는 것이다.

부족 자체도 개개의 인간과 마찬가지이다. 부족이 쇠락하면서 성씨 기(改)처럼 다른 부족에 처신을 낮추게 되며 지어 잠식되는 비참한 현상이 생긴다. 창궁부족의 일부로 낭황, 웅황 마을과 어깨를 나란히 했던 환황(獲皇) 마을은 나중에 멧돼지부족의 박씨 성씨에 잠식되었던 것이다.

종국적으로 부족마다 그들의 고유한 성씨를 가졌다. 염제(炎帝)부족은 구(丘), 봉(封), 최(崔), 로(路), 시(柴)의 다섯 성씨를 취했고 황제(黃帝)부족은 기(己) 길(姞) 임(任) 현(僩), 등(滕) 등 다섯 성씨를 얻었으며 치우부족은 도(鑫), 려(黎), 추(邹) 등 세 성씨를 받았다.

훗날 대륙의 8대 부족의 하나로 등장한 독수리부족은 산과 강을 의미하는 산 이름 가(峋)를 성씨로 사용하며 사슴부족은 빛날 합(雪)을 성씨로 쓴다. 와중에 빛날 합은 또 비올 삽, 번개 칠 잡으로 읽는 등 글자부호에 토템 뇌신(雷神)의 메시지를 넣고 있다.

호랑이부족은 이(李), 김(金), 주(周), 화(火) 등 네 개 성씨를 낳는다.

"금나라는 호랑이부족의 김씨 성씨에서 나온 만주족의 국명이라고 합니다." 김성찬이 밝히는 가족사의 옛 기록이다.

그러고 보면 조선시대 여진족(만주족의 전신)이 전부 김씨 성씨를 하사 받은 원인이 따로 있는 듯하다.

사성(賜姓)은 '성(姓)을 내린다'는 의미로, 동아시아권에서 공을 크게 세운 장수 등에게 왕이 성씨 특히 '국성(國姓)'을 하사하는 제도였다. 옛날에는 왕족에서 자식이 분가하면서 성을 주는 경우도 허다했다. 실제로 "황제에게 아들이 스물다섯 있었으니 성씨를 얻은 자가 열넷이었다"고 『국어(國語)』가 기록한다. 『국어』는 춘추 말기의 사학자 좌구명(左丘明)이 나라별로 분류하여 엮은 책이다.

동일한 성씨라고 해도 부족이 다른 경우가 있다. 당나라를 개국한 용서(龍西) 이씨는 호랑이부족에서 산생되었지만, 조선의 이씨는 곰부족에서 생성되었다. 김씨 가족의 기록에 따르면 조선의 이씨는 반도의 삼국시대에 협력관계를 위한 부족 통혼으로 이뤄졌다.

실제로 허다한 성씨는 부족 통혼으로 생겼다. "굴러온 돌이 박힌 돌을 뺀다." 고래부족은 원래 역씨(魆氏)와 고씨(孤氏) 두 성씨를 가지고 있었지만 통혼을 한 후 생긴 마을의 종족이 새롭게 성씨를 받았으며 종국적으로 이 성씨가 다른 마을(종족)의 성씨들을 밀어버리고 전반 고래부족의 성씨로 되었다.

2절

◇◇◇◇◇◇

고인돌에 고인 고래부족의 이야기

고인돌은 죽은 사람을 높여 부르는 호칭의 고인(故人)을 매장한 돌이라고 전한다. 사전적으로 해석하면 돌을 괴어서 만든 무덤이라는 것이다. 한자로는 支石墓(지석묘), 石棚墓(석붕묘) 또는 石棚(석붕), 영어로는 'dolmen'이라고 불린다.

"왕족의 사망자를 묻어 신의 세계에 보내서 신의 은택을 받게 했답니다." 김성찬은 이렇게 고인돌의 내력을 밝힌다.

고인돌은 무덤일지라도 서민들을 매장한 봉분이 아니라는 것.

김씨 가족의 기록에 따르면 고인돌은 사망자의 영혼을 보호하고 관리한다. 이때 고인돌을 드나드는 출입문이라고 한다면 명계(冥界)와 잇닿는 지문(地門)이며 신의 세계로 통하는 계단으로 된다.

"사망자를 천계로 인도할 때 신이 지상에서 밟는 받침돌(支石)의 의미를 가져요."

고인돌은 거석문화를 대표하는 문화유산으로 청동기시대 전기부터 초기 철기시대까지 약 1천 년 동안 존속되었다. 고인돌은 반도의 전 지역에 약 4만여 기가 분포한 것으로 추산되고 있다. 반도를 중심으로 대륙 동북부의 요녕성(遼東省)

지역과 일본 규슈 지역을 포함한 동북아시아 지역은 하나의 고인돌 분포권을 형성한다.

세계의 고인돌은 주로 유라시아 대륙을 에워싸고 있는 해양에 인접된 지역을 중심으로 분포된 양상이다.

고인돌의 주인공은 단연 고래부족이었다. 고래부족은 한때 대륙을 호령한 8대 부족의 일원이다. 그들은 고래의 각이한 이름으로 부족과 마을을 구분했다.

고래 토템의 원주민은 선사시대에 러시아 연해주와 일본에도 있었다. 그들은 계경(鸂鯨)부족이라고 불렸다고 김씨 가족은 기록한다. 비오리 계(鸂)는 분명 오리과의 물새인데 어찌어찌하여 고래부족에 이름을 달고 있는 것이다. 물새 비오리는 세계적으로는 대륙의 동북지방, 러시아의 아무르강 유역, 연해변강, 오호츠크해의 남서연안에 분포되어 있다.

지금까지 고인돌에는 여러 종류의 기물이 발굴되었다. 돌검과 청동검, 거울, 토기 그리고 곡옥(曲玉)이 다량으로 출현했다. 이런 기물은 부장품이며 와중에 곡옥은 장식물로 보는 현실이다.

실제 곡옥은 굵은 쪽에 구멍을 뚫고 꿰거나 금 장식을 씌우는 등 매우 화려하게 치장하기도 한다. 형상은 동물의 송곳니를 본따 만들었다고 하는 설, 초승달의 모습을 본따 만들었다는 설, 용을 본따 만들었다는 설, 태극도를 나타낸다고 하는 설, 어머니 태내에 있는 초기의 태아의 형태를 나타낸다고 하는 설 등이 있다

곡옥은 반도에서 부르는 옥의 명칭이다. 김씨 가족에 따르면 삼족오가 갖다 준 태양신의 선물이다. 중국에서는 음양옥이라고 하며 복희(伏羲)가 창제한 것이라고 주장한다. 일본에서는 신이 인간에게 3종의 선물 거울, 검, 옥을 내렸으며 이 가운데 있는 옥이 구옥(勾玉) 즉 곡옥이라고도 한다.

무술인(巫術人)들은 곡옥을 옥태(玉胎)라고 부른다고 김성찬이 알려준다. 출생을 임박한 태아의 형상을 본따 만들었다는 것이다.

"우리 인간의 생명의 탄생과 사망 그리고 윤회를 의미하는 무속 세계의 신물(神物)이지요. 인간의 삼혼육백(三魂六魄)을 돌려 윤회를 하게 합니다." 김성찬은 곡옥 기물을 보이며 자세하게 설명했다.

김성찬의 팔찌 장식물로 사용되고 있는 곡옥, 왕관에 있는 곡옥과 같은 모양이다.

아니, 칠백에서 하나가 없는 육백이라니?… 인간은 삼혼칠백이 있다고 하지 않던가. 삼혼인즉 천혼(天魂), 지혼(地魂), 명혼(命魂)이요, 칠백인즉 백천(魄天), 백영(魄靈), 백기(魄氣), 백력(魄力), 백중심(魄中心), 백정(魄精), 백영(魄英)이다.

신은 불사불멸이지만 인간은 사멸을 한다. 삼혼육백은 바로 칠백 가운데서 사멸을 관장하는 제일의 넋 백천(魄天)이 부족한 것을 이른다.

곡옥은 삼혼(三魂), 육기(六氣), 구운(九運)의 3·6·9 형태를 상징한다. 최초에 인간을 창조할 때 신은 이 비례와 시간에 따라 혼과 기, 운을 배치했다. 이 가운데서 삼혼은 사람의 몸 가운데에 있다는 세 영혼 즉 태광(台光), 상령(爽靈), 유정(幽靜)을 이른다. 또 운기설(運氣說)에 이르기를, 금·목·수·화·토는 땅에 있어 오행이요, 그 운수는 하늘에 있어 육기라고 일컫는다. 구운(九運)은 구전(九轉) 즉 9회의 정제(정좌, 수련)를 의미한다.

정말이지 "3·6·9의 비밀을 깨친다면 우주로 통하는 열쇠를 알게 된다"고 했던 미국의 천재 발명가 니콜라 테슬라(Nikola Tesla)의 말을 거듭 상기하게 된다.

곡옥이 선사시대의 유물은 물론이요, 삼국시기 신라의 금관에도 등장하는 것은 바로 이 같은 이유 때문이다.

신라의 금관은 산(山) 모양의 장식을 겹쳐 올려 출(出)자 형태로 3단 금관이다.

반도의 사학자들은 이 금관이 무속신앙으로 하늘에 제사를 지낼 때 왕을 비롯한 왕족이 썼다고 주장한다. 곡옥으로 화려하게 꾸미서 뒤쪽에 달고 있는 한 쌍의 장식물은 사슴뿔이며 또 새 모양의 장식물은 봉황이라는 것. 스키타이를 비롯한 북방 유목민들이 영혼을 달래주는 존재로 여겼다는 것이다. 스타카이는 인도-유럽 계통의 유목민족으로 한때 아시아 북서부 일대에 존속했다.

사실상 다 각자 추측으로 주장해서 3단의 삼목(三木)이 무얼 상징하는지도 아직 모르고 있는 현 주소이다.

김성찬은 학자들의 금관 인식에 몹시 놀라했다. "어, 이 금관은 분명 왕관인데요. 왕이라야 쓸 수 있는 겁니다. 그리고 정말로 우리 민족이 사용하던 유물인데요."

조선(한)민족은 대륙의 여러 지역에 살던 일부 부족이 만주 땅을 경유하여 반도에 이주, 토착민과 이룬 합체이다. 그리하여 대륙의 부족(민족) 습속, 문화와 비슷하고 겹치는 부분이 적지 않다.

신라의 금관, 시계바
늘 방향으로 박달나
무, 오동나무, 계수나
무 등 성스런 세 나무
이다. 나뭇가지는 남
두와 북두 칠성의 별
들을 상징한다.

"이건 왕이 복을 빌거나 승전한 장령을 맞이하는 의식을 할 때 머리에 얹던 예기(禮器)입니다. 하늘에 제사를 할 때에도 씁니다."

금관과 더불어 목걸이, 팔찌 한 쌍, 허리띠, 발찌 한 쌍이 한 세트이며 다 금과 옥 등속으로 화려하게 꾸민다. 금관과 장신구의 이름은 각기 궁면(穹冕), 철호(矗壺), 비태(琵胎), 호혁(扈嚇), 천지기(天地旗), 추령(趨靈)이다.

"이때의 흉배는 앞과 뒤쪽에 모두 문양이 있어요. 앞쪽에는 일월과 신의 도끼(神斧)이고 뒤쪽은 달리는 흰 짐승과 나는 흰 새의 그림입니다. 그리고 왕의 의상도 의식의 내용에 따라 다른데요. 대체로 검은 옷과 붉은 옷, 흰옷, 소복 등 차림을 합니다."

김씨 가족사의 '동이이야기'에 기록된 내용이다.

고대 무속을 모르면 상고시대의 많은 습속을 이해하기 힘들다. 그때 그 시절의 유물과 의미, 이름은 더구나 읽을 수 없다는 얘기가 된다. 말 그대로 우물에 앉아 있으니 우물 크기만큼 하늘을 보게 되기 때문이다.

금관의 세 기둥인 삼목(三木)은 기실 세 신수(神樹)로 시계바늘이 도는 방향을 따라 각기 박달나무, 오동나무, 계화수이다. 나무의 가지는 남두와 북두의 칠성을 상징한다. 금관의 사슴뿔 모양은 기실 상서로운 짐승인 백택(白澤)의 뿔 장식물이다. 백택은 만물과 통하며 만물의 모양을 안다고 하는 짐승이다. 백택의 뿔을 금관에 올린 것은 뭐나 다 알며(无所不知) 덕행이 높은 왕이라는 의미이다. 그래서 옛날 중국의 황제는 백택의 그림을 일부러 옷의 표장으로 사용했다. 금관에 꾸몄다고 하는 봉황은 기실 붕새(鵬)를 말한다. 붕새는 하루에 9만리를 날아간다는 신기한 새이다. 웅위하고 위대하다는 것으로 무소불위(無所不爲)의 왕의 힘을 뜻한다.

사실상 반구대의 암각화에도 이처럼 숨어있는 다른 이야기를 찾아 읽을 수 있다.

'반구대'라고 알려진 이 바위그림은 한국 울산 울주군 언양읍 대곡리에 위치한다. 학자들은 이 암각화를 한국 미술사의 지평을 열어준 획기적인 문화재로 평가한다. 선사시대의 미술로 고구려벽화와 더불어 반도의 미술사와 생활 문화사의 상한 연대를 화려하게 올려주고 있다는 것이다.

> "반구대는 태화강 절벽의 평평한 바위 위 즉 높이 약 3m에 길이 9m 규모에 새긴 암각화이다.(국보 제285호) 바위에 새긴 그림은 사람과 동물 등 약 200점이나 된다. 그림 대부분은 고래, 물개, 거북과 같은 해양 동물, 호랑이, 사슴, 멧돼지 같은 육지 짐승이다. 더불어 다양한 사람들의 모습도 그려져 주술적인 장면 혹은 사냥 등의 표현으로 해석하고 있다. 고래 그림만 해도 우선 다양한 종류와 더불어 특징을 묘사한 기법 등이 눈길을 끈다."

암각화는 면 쪼기(面刻畫, 면각화) 혹은 선 쪼기(線刻畫, 선각화)의 기법을 활용해 새겼다. 신석기시대에서 청동기시대에 걸쳐 조성됐을 것이라고 학자들은 추측한다. 신라 금관처럼 또 각자 나름의 다양한 추측에 따라 주장한다.

"어, 암각화에 인물상 같은 그림은 있지만 이건 분명 인물상이 아닌데요." 이번에도 김성찬은 사뭇 놀랍다는 표정을 지었다.

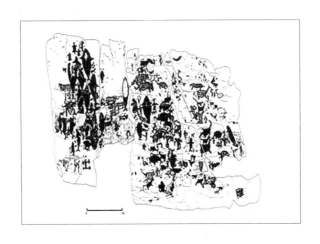

대곡리의 절벽에 있는 반구대 암각화.

학자들이 말하는 인물상인즉 기실 귀신(영혼) 그림이라는 것이다. 더 확실하게 말하면 반구대의 암각화는 모두 그림이 아닌 부호문자이다. 이 부호문자는 천부인(天符印)의 귀문(鬼文) 제32국(種)에 나오는데 나문(罞文)이다. 구결자 罞는 한자에서 실 따위를 격자 모양으로 엮어서 물고기와 새를 잡는 그물이다.

이름자의 의미 그대로 나문에는 인간상이 출현하지 않는다. 아니, 나문에 인간상이 출현할 수 없다. 나문은 새, 짐승, 물고기 그림으로 이뤄지며 이런 그림으로 글을 엮는다. 실제로 반구대 암각화에는 고래 53점, 사슴류 23점, 육식동물 23점, 기타 거북, 상어, 멧돼지 등 70점 그리고 귀신(영혼)과 기구(?) 그림이 30점 그려 있다. 나문은 귀문의 고문(蠱文)과 마찬가지로 배열과 위치, 조합, 크기 그리고 각도(방향)에 따라 각기 다른 의미로 읽히며 서로 다른 의미의 수백 자 심지어 수천, 수만 자의 글을 생성한다.

김성찬은 못내 아쉬움을 금치 못했다. "나문은 음양문 두 부류의 부호로 이뤄집니다. 반구대의 암각화는 양문입니다. 응당 음문 그림이 더 있어야 해요. 부근에 음문 그림이 또 있을 것 같은데요."

음문과 양문은 자모음처럼 짝을 이뤄 혼합체를 이룬다. 반구대의 암각화는 현재로선 대체적인 내용 밖에 읽을 수 없다. 그럴지라도 암각화가 전하는 이야기는 가히 충격적이다.

"고래부족이 바로 암각화의 주인인데요. 암각화는 다름이 아닌 고래부족의 역사를 기술하고 있습니다."

"그들은 황제와 치우가 벌인 탁록대전(涿鹿大戰) 후 반도에 이주하여 정착했다고 합니다. 치우부족연맹에 가담했던 부족의 제일 마지막 이주민입니다."

"그때인즉 대우(大禹)가 한참 치수를 하던 시기인 것으로 보입니다."

"고래부족이 이동할 때의 바닷길이 표시되어 있는데요. 바닷길은 반도를 에워싸고 또 대만 동부 일대까지 이어집니다. 이건 반도에서 청호(靑狐)부족이 거주하던 그 섬까지 이르는 길이 아닐지 합니다."

"고래에 눈(점)이 없어서 부호문자를 다 읽을 수 없어요. 바닷길의 경위도와 이주한 시간을 잘 읽지 못하겠습니다."

"아홉 마리의 이무기가 출현하고 마을의 영웅이 이무기와 싸우는 전설적인 이야기가 있습니다. 고래부족은 여러 부족과 지역으로 나뉘고 제각기 건국(마을 설립)을 했습니다."

미구에 마을마다 여기저기 크고 작은 고인돌이 나타났다. 그러나 고인돌이라고 해서 꼭 무덤인 것은 아니었다. 신을 공봉하고 제물을 올리는 제단이기도 했다고 김씨 가족은 기록한다. 고인돌에는 또 상고시대 농경사회에서 풍년을 기원하는 소망이 담겨있었다는 것이다. 봄에는 곡식이 잘 되라고 제사를 했고 가을에는 일년 농사에 감격하여 제물을 올렸다. 이때 고인돌은 하늘에 제를 올리는 마을의 성스러운 제단이었다.

부족의 번성과 결집을 위한 통혼은 고래부족에게도 자주 있었다. 고래부족은 반도 남부에서 이웃한 태양부족과 통혼하여 서로 가까운 친족이 되었다. 이때 고래부족에서 파생된 종족인즉 바로 훗날 전씨(全氏) 성씨를 받은 뿔고래(角鯨, 각경)부족이다.

온전할 전(全)은 태양부족의 김(金)씨 성씨에서 좌우의 두 획을 줄인 글자이다. 전씨 성씨는 궁극적으로 전반 고래부족의 성씨로 되었다.

실제로 성씨를 뜯어고쳐 새 성씨를 만든 이야기는 대륙에도 있다. 서한(西漢) 효평(孝平) 연간, 왕망(王莽)이 정권을 탈취하고 궁궐을 유린하니 황족 후예들은 급급히 난을 피해 섬성(陝城)에 도망하고 성씨를 고쳤다. 이때 그들은 한나라 황족의 성씨 유(劉)에서 묘도(卯刀)를 버리고 금(金)만 남겨 김씨 성씨를 따랐던 것이다.

전씨는 2015년 현재 천안(天安)과 정선(旌善)을 대종으로 경산(옥산), 용궁, 경주 등 18개의 본관으로 진하여 온다. 전체가 약 60만 명으로 전체 인구의 1% 정도라고 하니 어느 사이인지 모르는 동안 그들은 상고시대의 8대 부족에서 제일 쇠락한 부족의 하나로 내리막길을 걸은 것이다.

인생은 무상하다. 인간사의 흥망성쇠는 물레바퀴가 돌 듯 한다. 열흘 붉은 꽃은 없는 것처럼 다 잠시일 뿐이다.

3절

◈◈◈◈◈

살구꽃이 피는 그곳에 또 가야국이 있었네

마을은 이곳저곳 꽃나무가 심어있다. 꽃나무의 이름처럼 행수원촌(杏樹園村)이라고 불린다. 살구 재배원이라는 의미이다. 이곳은 하북성(河北省) 진황도시(秦皇島市) 창려현(昌黎縣) 현성 바로 북쪽의 깊은 산골짜기이다.

산속의 마을에 들어서면서 머리에 홀연히 시 구절이 떠오르는 건 웬 일일까.

> "산 첩첩 물 첩첩 길마저 없는 듯 한데 (山重水複疑無路)"
> 짙은 버들과 밝은 꽃 속에 또 고을 하나 나타나네. (柳暗花明又一村)

남송(南宋)시기의 유명한 시인 육유(陸遊)가 지은 시 '산서촌을 거닐며(游山西村)에 나오는 시 구절이다.

사실상 마을은 살구꽃이 아닌 갈석산(碣石山)으로 세상에 이름나고 있다. 비석 갈(碣)은 작은 비석이라는 의미인데, 이름 그대로 발해기슭의 산꼭대기에 우뚝 서있는 돌의 비석을 방불케 한다.

갈석산은 (고)조선과 중원 나라의 경계이었다고 전한다. 실제로 부근에는 고려성(高麗城)과 고려동(高麗洞), 고려정(高麗井), 고려전설 등 (고)조선과 고구려의 유

거북이 모양의 산, 대가리에 천단이 있으며 산 중턱과 기슭에 신단과 신사, 왕릉, 왕궁 터가 있다.

적이 허다히 널려 있다. 마을을 사이에 두고 골짜기의 동쪽을 가로막은 산은 옛날 병사들이 비에 젖은 갑옷을 널려 말렸다고 해서 양갑산(晾甲山)이라고 불린다.

정작 양갑산은 갈석산의 비석 기운에 눌린 듯 세인들에게 잘 알려지지 않는다. 그리하여 현성을 찾는 방문객들은 열이면 열 모두 갈석산에만 등정한다. 우리를 안내했던 현지의 택시 기사는 양갑산을 오르는 여행객은 이번에 처음 만난다고 거듭 말했다.

"양갑산에 도대체 뭐가 있지요? 저 산에 굳이 올라서 뭘 해요?

우리가 북경에서 기차 편으로 창려현 현성에 도착한 것은 오후 2시 경이었다. 갈석산의 산중턱에 올랐을 때 서쪽하늘에 기운 해는 금빛 햇살을 찬연하게 뿌리고 있었다. 하늘의 조화인 듯 양갑산의 산등성이에서 거폭의 그림이 눈앞에 떠오르고 있었다. 거대한 거북이가 꼬리를 사린 채 산등성이에 넙적 엎드려 있었다. 거북이는 당금이라도 자리를 털고 일어나 북쪽의 바다를 향해 엉금엉금 기어갈 듯 했다.

뒷이야기이지만, 양갑산은 해가 서쪽에 기울어야 거북이의 원형을 잘 드러낸다고 한다.

김성찬과 함께 산중턱에 그린 듯 한겻이 지나도록 우두커니 섰다. 거북이의 경이롭고 아름다우며 장엄한 모습에 그냥 가슴이 벅차올랐다.

"어린이 동화에도 자주 등장하는데요. 거북이는 정말 신령한 동물입니다. 풍수적으로 거북이의 형태를 땐 명당은 곧바로 신의 기운과 한데 이어진다고 합니다."

양갑산은 용귀산(龍龜山)의 이름으로 김씨 가족사에 기록되어 있다. 3천여 년 전, 가야국(伽倻國)의 초대 국사였던 월사(月師)가 천도(遷都)를 위해 일부러 이곳을 찾았던 것이다. 용귀산의 산형(山形)은 그렇게 반도에 전해졌으며 나중에 김해 김씨의 족보에도 자세하게 기록되었다.

풍수지도는 물맥의 수룡도(水龍圖)와 산맥의 지룡도(地龍圖)를 각기 그리거나 합친 산룡도(山龍圖)로 나뉜다. 옛 지도에는 또 작전용 지도 전천도(戰天圖), 점술용 문복토(卜土)가 있다. 김해 김씨의 족보에 올린 용귀산 등 그림은 왕릉의 지룡도이다.

김성찬은 그의 가족에 기록된 산룡도와 문복토 두 지도에 따라 용귀산을 우리에게 안내했다. 그리하여 우리는 용귀산의 왕궁과 왕릉, 신단 그리고 부근의 산에 있는 왕후릉, 제단 등 유적지의 위치를 곧바로 찾을 수 있었다.

잠깐, 한강이라고 하면 다들 반도에 있는 강인 줄로만 알고 있다. 사실상 대륙의 중부에도 한강물(漢水)이 흐르고 있으며 이 강을 한강이라고 부른다.

그러고 보면 태조 왕릉의 위치를 반도의 김해군 서곽(西郭) 백보 되는 곳에 있다고 김해 김씨의 족보가 잘못 해석하고 있는 원인을 알 수 있겠다. 가야국이 반도에 있고 시조 김수로가 김해 지역에서 태어났으니 태조의 능과 왕후의 능도 응당 옛 도읍 김해에 있다고 착각한 것이다.

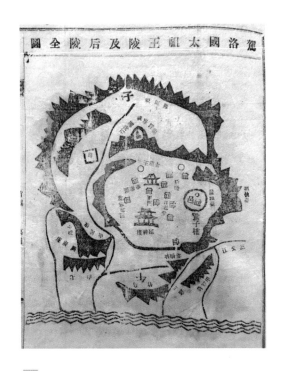

김해김씨 족보의 지룡도(地龍圖), 왕릉과 왕후릉 등이 자세히 기재되어 있다. 빨간점은 용귀산을 촬영한 위치이다.

김해의 왕릉은 수로왕이 묻힌 진실한 곳이 아니라는 설은 예전부터 있었다. 실제 한국 최초의 백과사전적인 저술 『지봉유설(芝峰類說, 1614)』의 기록에 따르면 수로왕릉은 임진왜란(1592) 때 일본군에게 도굴을 당하여 내부가 드러났는데

순장(?)된 여자 시신 두 구가 있었을 뿐이라고 한다.

김성찬의 선조는 족보가 잘못 기록된 원인을 나름대로 짚고 있었다. "김수로 왕의 천도가 비밀로 되어 세상에 알려지지 않은 것 같대요. 가야 왕족의 혈육상쟁은 드러낼 수 없는 가장 부끄러운 치부였으니까요."

김씨 가족의 기록에 따르면 건국한 후 김수로의 동생이 시시탐탐 왕좌를 엿보았다고 한다. 동생의 헛된 욕망을 깨버리고자 김수로는 태자에게 자리를 물려준 후 일부 군신과 백성들을 데리고 바다 건너 발해 북쪽으로 이주하며 동생을 이주지에 억류했다.

이때 새로 세운 나라가 호국(鳰國)이다. 일명 천조국(天鳥國)이라고 불린 이 나라는 약 500년을 존속했다. 국명의 본명과 별명은 모두 부족의 토템인 삼족오를 의미한다.

"수로왕이 사망한 직후 동생은 무리를 데리고 반도에 돌아갔습니다. 그때 세운 성읍이 반도 끝머리의 서북부에 있었다고 합니다. 지금의 평안북도 피현 부근인데요. 오귀성(烏鬼城)이라고 불러요. 동생은 얼마 후 곧 사망됩니다. 조카(가야 제2대 국왕)에게 피살된 게 분명하다고 우리 가족사는 분석하고 있습니다."

오귀성 북쪽을 흐르는 강의 기슭에도 거북이산이 있었다고 한다. 동생 역시 거북이산을 찾아 나라를 세웠던 것이다. 그야말로 태양부족이라기 보다 '거북이부족'이라고 불러도 전혀 이상하지 않다.

실제로 가야국의 건국 신화에는 거북이가 왕의 탄생과 함께 등장하고 있다. 그때 그날 사람들은 왕을 영접하기 위해 기뻐서 춤을 추면서 노래를 불렀다고 『삼국유사』의 「기이편」은 기록한다. 그 노래인즉 반도의 유명한 고대 가요 '구지가(龜旨歌)'이다.

"거북아 거북아　龜何龜何 (구하구하)

머리를 내어라　首其現也 (수기현야)

내놓지 않으면　若不現也 (약불현야)

구워서 먹으리　燔灼而喫也 (번작이끽야)"

가야국의 천년의 비사(秘史)는 드디어 김씨 가족의 기록에 의해 베일을 벗고 있다.

"가야국 국명은 기실 왕후 허황옥의 부족 이름에서 지은 것이라고 합니다. 수로왕은 그토록 황후를 몹시 총애했다고 전합니다."

그리하여 왕자 둘은 김해 허씨 허황옥 왕후의 성씨를 이어받는다.

허황옥은 원래 인도반도의 가야부족 공주였다. 시조 국왕은 가야신의 후손이며 반쪽으로 쪼개진 야자에서 탄생했다고 전한다. 금빛의 알에서 시조 국왕이 나왔다고 하는 김수로의 난생실화를 방불케 한다. 허황옥은 부족전쟁으로 난이 일어나자 왕궁을 뛰쳐나와 상선에 올랐고 반도로 밀항을 했던 것이다. 그때인즉 하나라 말인 약 3800년 전이었다.

김씨 가족사가 기록한 이야기는 가야국의 소실된 역사를 기술하고 있다.

대륙의 용귀산에 이주할 때 국왕 김수로의 신변에는 왕후 허황옥과 둘째 왕자가 있었다. 둘째 왕자는 아름다울 서(薁)라는 글자로 이름을 지었다. 이 薁는 고서에서 마 등속의 식물을 가리킨다. 줄기는 강장(强壯) 역할을 하며 또 가래를 없애는 효능이 있다. 실제 허황옥은 둘째 왕자를 출산할 때 유산 끼가 있어서 신으로부터 약 처방을 받아 무사히 낳았다고 한다. 그리하여 약명(藥名)으로 지은 이름이다.

김수로는 김서를 남달리 총애했다. 그리하여 김서는 여러 왕자의 시샘을 받았다. 일곱 왕자 가운데서 유독 김서가 홀로 김수로를 따라 이주한데는 그 같은 원인도 없지 않았다.

"왕자가 도합 여덟이라고 해요. 이 가운데서 하나는 '난쇄(卵碎)'였다고 합니다. 이걸 난추(卵墜)라고도 하지요. 정말로 알을 깨뜨린 것이 아니라 사산아를 이르는 말입니다."

옛날에는 출생 후 여섯 달이 차기 전에는 알이라고 했단다. 태양부족은 사자(使者) 삼족오를 공봉하기 때문이다. 삼족오가 낳은 알처럼 태양신의 기운을 받아 건강하며 나쁜 기운이 들어가지 못하도록 하기 위한 의미이다. 후세의 난생

허황옥의 능이 안치된 독작산(篤鵲山) 전경.

설화는 이런 옛 습속에서 나온 이야기이다.

　김수로와 왕후, 왕자를 비롯하여 가야국의 이민자는 120명 정도였다고 김씨 가족은 기록한다.

　"신단과 사당(家祠), 왕궁 그리고 왕릉 등은 월사가 태자와 함께 척후병으로 왔을 때 다 지어놓고 돌아갔어요. 용귀산과 주변의 풍수 지도로 낱낱이 그려서 가지고 반도에 간 거지요.

　만두산(饅頭山)은 이름처럼 조물주가 일부러 돌덩이들을 만두처럼 둥글게 빚어 올린 듯하다. 김씨 가족사는 봉황의 알이라는 의미의 봉란산(鳳卵山)으로 기록한다. 김해 김씨의 족보 역시 봉란산의 혈위에 비석 그림을 넣었으며 또 하늘에서 알이 내려 탄생(石降誕)한 것을 천신이 조서를 내려 알린 귀지봉비(龜旨峰碑)라고 설명을 덧붙이고 있다.

　봉란산 바로 북쪽의 독작산(篤鵲山)은 현지에서 호랑이가 엎드렸다는 의미의 파호산(爬虎山)이라고 불리는데 허황옥의 능이 바로 이곳에 있다.

　주봉의 용귀산에는 이르는 곳마다 옛날의 흔적이 남아있다. 중턱의 소나무 숲에는 한 바위가 짝을 지어 있는데, 현지의 암석과 다른 모양이다. 바위 부근에서는 탐지봉이 금방 춤추듯 좌우로 뛰논다. 만주의 서남부에서 물길로 산기슭까지 운반한 후 다시 산위까지 끌어올린 것이다.

　"이 쌍둥이 바위를 음양석이라고 하는데요. 하늘로 솟구쳐 오르는 땅속의 기운을 눌러서 주변에 평평하게 널어놓기 위한 작용을 합니다."

　용귀산은 신을 영접하는 천문(天門)의 제단이 있고 또 마을의 망자를 위한 인문(人門), 귀신이 드나드는 지문(地門)의 제단이 있다. 그러나 풍수적으로 용귀산 자체는 작은 거북이에 불과하다. 거북이가 바다에 가버리지 않도록 용귀산 앞쪽의 바위산 산정에는 거북이에게 제물을 올리는 제단이 설치되어 있다.

이번에는 백두산의 큰 '거북이'처럼 돌의 무지를 세워 길을 막지 않는다. 용귀산의 작은 거부기는 소와 양 고기 등 음식을 제물에 올려 보채는 아기를 어르듯 해야 한다는 것이다.

그래도 용귀산의 거북이는 기어이 바다로 도망한다. 5백년 후 천조국이 멸망하자 김수로의 후손들은 다시 북쪽으로 멀리 이주하였다.

천조국의 옛터는 또 인적이 드문 황량한 산골로 둔갑했다. 마을은 생멸(生滅)과 거래(去來)를 거듭했다. 약 천년 후인 고구려 때 마을이 또 일어섰다가 다시 사라졌다. 황폐한 골짜기에 또 마을이 등장한 것은 그로부터 다시 천년이 지난 명·청 시기였다. 종국적으로 원초의 김씨와 허씨 성씨는 더는 찾을 수 없고 양·진·유·송(楊·陳·柳·宋) 등 잡다한 성씨가 골짜기의 잡목처럼 널려있다.

산등성이의 바위에 걸터앉은 채 우리는 서로 마음을 열고 이야기를 나눴다. 천연(天緣)이었다. 인연은 사라지지 않고 천년 후 또 다른 인연을 잇고 있었다. '수로'와 '월사'가 용귀산의 어디선가 거북이처럼 우리를 물끄러미 지켜보고 있을 듯 했다.

하나의 과일나무에 열린 열매를 따고 씨를 땅에 심었을 때 다시 나무가 성장해서 열매를 맺고 또 그 열매의 씨를 심어 또 새로운 나무가 성장하듯이 윤회의 연속은 끝이 없었다.

그날 저녁 우리는 날이 저물도록 용귀산을 떠날 수 없었다.

대륙에서 신기한 골천수(骨天髓)가 발견되었다

이야기 도중에 친구는 도리머리를 절레절레 흔들었다. 그냥 거짓말을 듣고 있는 것 같다고 말했다. 천년 아니 만년의 역사를 소설로 꾸며낸 작품이라는 것. 내가 여태껏 하늘의 무지개 같은 아름다운 동화를 엮고 있다는 것이다.

그러고 보면 나는 자의든 타의든 빨간 모자를 머리에 얹은 동화작가로 되고 있었다.

"문헌에서 전혀 읽을 수 없는 내용이거든. 도대체 무엇으로 이 이야기를 증명하지?"

조선(한)민족의 국조(國祖) 신화에 나오는 단군의 태양릉 위치를 밝히고 또 환웅이 하강했던 박달나무 아래의 신단이 실은 진실한 이야기라고 하니 누군들 믿으랴! 중화민족의 시원을 밝힐 수 있는 미스터리의 하도(河圖)와 낙서(洛書)가 실은 천부인(天符印)에 나오는 부호문자라고 하니 누군들 믿으랴!

신라의 금관인즉 왕의 옛 예기(禮器)였고 삼성퇴(三星堆)의 옛 주인인즉 신화에 나오던 익인(翼人)이었다.

나중에 김해 김씨의 백년 족보를 내놓았다. 장롱에 깊숙이 숨겨두어 대륙의 동란 속에서도 종이 한 장 찢어진 적 없는 가족의 '보물'이다. 그보나 족보에는 가야국 김수로 왕릉의 진실한 위치를 밝힌 풍수 지도가 있었다.

김해 김씨의 선조는 천 년 전에 벌써 대륙 한 귀퉁이에 있는 용귀산을 알고 왕릉의 지룡도(地龍圖)를 족보에 그려 넣었던 것이다.

늑대부족(경주 김씨)의 월사는 3천 년 전에 벌써 바다 건너 발해기슭을 찾아 왕릉의 산룡도(山龍圖)를 가족사에 그려 넣었던 것이다.

김해 김씨의 선조는 족보에 어찌어찌하여 천기(天氣)를 받고 있는 신기한 봉란산(鳳卵山)을 낱낱이 기록하였고 늑대부족의 월사는 고대 산룡도에 어찌어찌하여 왕후릉이 묻힌 비밀의 독작산(篤鵲山)을 세세히 적을 수 있었다.

그래도 친구는 도무지 믿기 어렵단다. 족보는 가족의 신분과 명성을 높이기 위해 신화 등을 꾸며 넣는 경우가 적지 않다는 것이다. 글의 내용에 신빙성이 없으며 진술을 그대로 받아들일 수 없다고 했다.

이에 따르면 김해 김씨와 월사의 선조는 그때 그 시절에 벌써 서로 짜고 맞춰 오늘의 거짓말을 낳은 것이다. 천년의 상상 아니 천년의 거짓말을 진실한 현실로 잘못 믿고 있다는 얘기이다.

어쩌지, 진실과 현실, 상상이 거짓말처럼 한데 뒤섞이고 있었다.

김씨 가족의 비사를 책으로 묶어낼 무렵이었다. 거짓말 같던 그날의 일이 눈앞에 일어났다. 정말이지 상상을 앞뒤로 뜯어 맞춘들 이렇게 아귀가 맞을까 싶다.

대륙 남부의 강서성(江西省) 정안현(靖安縣)에서 서국(徐國, 춘추전국시기의 제후국) 임금의 배총(陪塚) 고분이 발굴되었고 이맘때 발굴 결과물이 드디어 글과 사진, 영상으로 공개되었다.

천년 무덤에서 유골에서 발굴된 골천수(骨天髓).

천년 무덤의 유골에서 발굴된 골천수(骨天髓).

통상 1기의 고분에는 대개 한두 구의 시신이 매장된다. 그런데 이 고분에는 뜻밖에도 무려 수십 구의 관곽이 있었다. 이 희귀한 발견에 많은 고고학 전문가들이 저마다 고분 현장을 찾아갔다. 뒤미처 전문가들은 눈앞에 벌어진 무덤의 끔찍한 광경에 저마다 경악을 금치 못한다.

"고분의 주인은 정말 인간이 아닙니다. 꽃 같은 소녀들을 한꺼번에 다 순장(殉葬)하다니요!"

46명의 소녀가 전부 나체 상태로 가지런히 매장되어 있었다. 더욱 사람을 놀래게 하는 일은 이때 생겼다. 소녀의 전신에는 신비한 녹색의 결정체가 있었다. 일부 결정체는 꽃모양을 이루고 있었다.

전문가들은 처음에는 이런 결정체가 부장품인 줄로 알았다. 그런데 이 결정체는 뼈에서 자란 것이었다. 전문가들은 유골의 뼈에 검은 색이 있는 걸로 미뤄 소녀들은 전부 독

극물이 주입된 것으로 추측하였다. 그러나 이런 소녀들을 왜 순장했는지 그리고 소녀들의 몸에 왜 모두 결정체가 생겼는지 도무지 알 수 없었다.

"이건 김씨의 가족사를 쓴 책 '반도의 마지막 점성가'에 서술하지 않았던가요. 몸에 약물을 넣은 후 인간을 땅에 버섯나무처럼 심어 보신의 '열매'를 심어 키운다던 그 얘기를 거짓말처럼 들었는데요."

그럼 김성찬은 순장 소녀들의 비밀을 미리 알고 책에 공개했던가. 아니, 그가 남몰래 대륙 남부의 도굴현장에 다녀오기라도 했던가…

이날 김성찬은 지난 책에 미처 밝히지 못했던 내밀한 이야기를 계속했다.

"순장품의 소녀는 다섯 살 때부터 특제한 약을 강제로 복용하게 합니다. 첫 월경이 온 후 이때부터 복용하는 약의 양을 크게 늘립니다."

"옷을 벗기고 나체에 수은과 동, 린 그리고 주사(朱砂)를 일정 비례로 바릅니다. 차츰 양을 늘립니다."

김성찬은 얘기 도중에 자주 혀를 찼다. 순장한 소녀는 말이 인간이지 도축용 짐승과 조금도 다름이 없었다는 것이다.

"15살 내지 30살 때 땅에 묻어요. 먼저 사람을 수면 상태에 빠지게 합니다."

"시신은 꼭 흙속에 묻어둬야 골천수가 자랍니다. 뼈에 자라는 가시 같은 결정물이지요."

"제일 높은 등급의 골천수는 빨간 색입니다."

…

사실상 김씨 가족의 내밀한 역사는 이번에 처음 밝혀지는 게 아니다.

반도에는 김씨 가족의 비사를 다다소소 읽을 수 있는 고서가 여럿 있다. 고려 때 나온 『현조경(玄鳥經)』이 바로 그런 책이라고 김씨 가족은 전한다.

내가 모른다고 해서 결코 존재하지 않는 것은 아니다.

나와 너 다 몰랐던 또 다른 세상이 있다.

우리는 서로 다른 세상에서 살고 있다.